ンの発達段階 チェック表

クをつけてみましょう。いちばん多くチェックがついたステップ段階が、お子さんの今
1章、第2章を読んで生活の中で実践し、次の段階へステップアップをめざしましょう！

アイコンタクト、
ふれ合い遊びの

① 種まき期

- □ 1、2秒より長く
親の目を見ない
- □ ジェスチャーや発声で
親に要求しない
- □ 笑いかけても
笑顔を返さない
- □ いないいない～ばぁなど
ふれ合い遊びを喜ばない
- □ 名前を呼んでも
親のほうを見ない

子どもの好きなもの・興味のあることを見つけ、それを親が目を合わせながら共有する、笑顔になるなど、“アイコンタクトの種まき”をする段階。目を見ることや人とのやりとりが楽しい、人に頼ると便利だということをまだ知らない段階なので、親へ「要求」したい気持ちを引き出し、めばえ期へ！

.156へ

要求のジェスチャーが
出てくる

② めばえ期

- □ 2秒より長く
親の目を見つめる
- □ ジェスチャー、発声、
親の手を引いて要求する
- □ 目を合わせて笑いかけると
笑顔になる
- □ いないいない～ばぁなど
ふれ合い遊びを喜ぶ
- □ 名前を呼ぶと
親のほうに顔を向ける

物を取って欲しいときなどに「要求」の行動が出てくるのはコミュニケーションがめばえはじめたということ。子どもの要求に親が必ず目が合ってから応じることで、子どもは「アイコンタクトは大切」と覚えます。人、物、出来事に視線をシフトする力を伸ばせると（共同注意）、　　期へ！

ようになると、言葉とコミュニケーション力の開花へ！
だちとやりとりするスキルの順で育んでいきます。

コミュニケーションの

注目する ほめ方・注目しない 叱り方、

ほめ方・叱り方

種まき期

めばえ期

【アイコンタクト+笑顔】

●一瞬でも子どもと目が合ったら口角を上げて目を細めて満面の笑みを作ることを習慣に。

●親の目を見ずに何か要求してきたら、目が合うまで待ってから応じる。「目が合うといいことがある!+HAPPY♪」をたくさん経験。

【注目するほめ方】

●「ほめ言葉+ジェスチャー、スキンシップ」をセットにして、ほめられていることを実感しやすくする。

●言葉でほめていることがうまく伝わらない場合は、好きなおやつ、遊びをごほうびにしてもOK。

【注目しない叱り方】

●言葉だけの説明だとまだうまく理解できない段階のため、困った行動があったらあえて目を合わせず（注目しない）、別のことに切り替えさせる。

●「言葉+視覚情報」（文字、○×、イラスト、写真など）をセットにして好ましい行動を徐々に教えていく。

すくすく期

つぼみ期

【アイコンタクト+笑顔】

●日常生活で子どもと目があったら口角を上げてニコッと笑う。子どもは、相手の笑顔を見るだけでも「自分を肯定してくれた、ほめてもらえた」と実感できるようにする。

【注目するほめ方】

●子どもの行動、経過に関心を向けて具体的にほめる。

例…「ズボンはけたね」「かっこよく座れているね」「手をつないでくれて、ママうれしいな」

●感謝の言葉、存在を認める言葉、ねぎらいの言葉をたくさん使う。

【注目しない叱り方】

●注意引きをともなう困った行動をしたら、あえて子どもの目を見ないで、「してはダメなこと」より「してほしいこと」を淡々と伝える。子どもが行動を変えたら目を合わせ、ガマンできたことをねぎらって成功体験に。

●ただし、自傷他害や危険行為はその場で怒って止めるのはやむを得ない。

●「言葉+視覚情報」（文字、イラスト、写真、動画）をセットにしてルール・約束を何度も伝える。

詳しくは…
第1章｜注目ほめ習慣の基礎づくり ➡ P.061〜

発達段階に応じた

かんしゃく対策 一覧表

かんしゃく予防・対応

●親子のアイコンタクト力を強化してママ、パパの目を見ると安心する力をつける。
●子どもが好きなおやつ、持っていると安心するもの、ごきげん直しのアイテムや方法を見つける。

○かんしゃくが起きたら目を合わせず（注目しない）、冷静に安全を確保。泣けば許される・思い通りになると学習させないように親はガマンを。少しでも落ち着いてきたら子どもの好きなもの、安心アイテムを渡す。スキンシップ（抱っこなど）、好きなおもちゃ・おやつを見せて切り替える。

●「言葉+ジェスチャー」をセットにし、お手本を見せながら「NO」や「YES」の表現を教える。
例…「（首を横に振って）帰りたくないんだね」、「もうちょっと遊びたい？ （うなずいて）うん？」

○かんしゃくが起きたら目を合わせず（注目しない）、冷静に安全を確保。落ち着いてきたら子どもの気持ちを言葉にして、好きなもの、安心アイテムを渡す、スキンシップ（抱っこなど）、好きなおやつで切り替える。
例…「（抱っこして）もっと遊びたかったね。おうちでアイスを食べようか」

●「してほしい行動」を事前に約束（文字やイラストにして見せても）。
●子どもの行動を見て、子どもの気持ちに合う言葉を代弁して教える。
例…「お腹空いた」「疲れた」「くやしい」「悲しい」「緊張する」「怒ってる」「イライラする」

○かんしゃくが起きたら目を合わせない（注目しない）。落ち着いてきたら「落ち着いたね」と言い、子どもの気持ちに寄り添う声かけをして、事前にした約束はきちんと守らせる。
例…「オモチャが欲しいんだね。でも、今日はオモチャを買わないって約束したね」

●「してほしい行動」を事前に約束する（文字やイラストにして見せても）。
●過去や未来の話、感情を表現する言葉を使った会話を親子で練習する。
例…「明日の運動会、緊張する」「がんばったから疲れた」「オモチャを取られてイライラした」

○かんしゃくが起きたら目を合わせない（注目しない）。落ち着いてきたら「落ち着いたね」と言い、子どもの気持ちに寄り添う声かけをして、約束は守る。
例…「動画をもっと見たかったね。（時計の針を見せて）長い針が6のところまでと約束したね」

第3章｜ABC分析でかんしゃくを減らす！ ➡ P.175〜

うちの子は
今どの段階?

コミュニケーション

チェック方法　下の4つの段階の項目を読み、お子さんに当てはまるものにチェッ
のコミュニケーションの発達段階です。このシートの裏面、本書の第

言葉を理解し、
長いやりとりができる

④ つぼみ期

- □ 自分から要求、興味を伝える
- □ 親と物を交互に見てやりとりできる
- □ 過去や未来のこと、自分の気持ちを話す
- □ 同世代の友だちとごっこ遊びをする
- □ 人を心配してなぐさめる行動をする

親などの家族、先生、友だちとのやりとりの力（つぼみ）がふくらんだ段階。人との会話をする際は、言葉に詰まったらわかりやすい言葉にして手助けしたり、会話や遊びのルールを教えながら親子で過ごすことが、先生や友だちとのやりとりの上達につながり、コミュニケーションの花が咲きます！

➡ P.170へ

共同注意、
短いやりとりができる

③ すくすく期

- □ 親が物を指さす（または見る）とその物を見る
- □ 自分から指さしなどジェスチャー、言葉で要求する
- □ 親が「ちょうだい」と言うと渡してくれる
- □ 親の動作、言葉のマネをする
- □ 短い言葉が理解できる

共同注意ができるようになると、人（のジェスチャーや言葉）、物、出来事を見て学び、聴いて模倣（マネ）する力、理解力がすくすくと成長！　拒否、応答、あいさつ、興味を伝えるなど要求以外の非言語コミュニケーション力と短い言葉を使ってやり取りできるようになる、つぼみ期に進みます。

➡ P.166へ

段階に応じた接し方で、大人、子ども同士で遊べる
親子の日常的なやりとり→園や学校で先生、友

最新の医学・心理学・発達支援にもとづいた【子育て法】

発達特性に悩んだらはじめに読む本

発達専門小児科医／
日本小児発達子育て支援協会 代表理事
西村佑美

Gakken

はじめに

「うちの子って、もしかして発達障害!?」

「手のかかるわが子を嫌いになりそう」

「普通の子のママがうらやましい」…


子育てに〝ちょっと困っている〟。あるいはもっともっと大変なレベルで困っている、例えば、お子さんの言葉の遅れや困った行動に悩んで落ち込んで涙を流しているママやパパたちに、頼ってほしい。そんな想いを込めてこの本を書きました。

医師であり3児の母でもある私の

●子育てや発達障害を専門とする
小児科医[※1]としての医学の知識
●発達心理学にもとづいた
発達支援[※2]のエッセンスを取り入れた
子育てのアドバイス
●発達特性をもつ長男を含む
３人の子育てをしてきた経験

を交えながら、子どもを伸ばすための
子育てスキルを公開します！

※1：小児科専門医、日本小児心身医学会認定医、子どものこころ専門医を取得しています。
※2：発達支援とは、発達特性、困りごとを理解し、自己肯定感を高めて社会に適応できるように練習やサポートすること（療育）。

さまざまなタイプのお子さんの

心配・困りごとに対応！

- □ 発達検査や受診はしていないけど、日常生活で"困り感"がある（かんしゃく、園の行きしぶりなど）。
- □ ASDやADHDの傾向があり※、療育にプラスして家庭での伸ばし方を知りたい。
- □ 言葉の遅れがあり、知的障害をともなうASDと診断されて落ち込んでいる。
- □ 特性のある子と定型発達の子のきょうだいの育て方の違いがわからない。

1歳～小学校の入学準備まで役立つ子育てのお守りのような本です！

※ASD（自閉スペクトラム症）・ADHD（注意欠如多動症）の一方、または両方と診断を受けたかその傾向があると専門家に指摘された、あるいは親がその傾向に気がついている場合。

言葉の遅れ

他の子と比べちゃ
ダメってわかってる。
でも、保育園や公園で
同い年の子が
おしゃべり上手だと
不安でたまらない。

➡ P.146へ

かんしゃく

今日も泣いて暴れて
転がったなぁ…。
周りからの視線がつらい。
かんしゃくを起こされると、
心が削られるよう。

➡ P.176へ

※これらの例は実際のママのお悩みをもとにしており、発達障害（神経発達症）があると決めるものではありません。

立ち歩く

他の子はちゃんと座って
先生のお話を聞けるのに、
うちの子だけ
ちょろちょろ動き回って
恥ずかしい…。
私だけ子どもを
追いかけていて孤独。

➡ P.216へ

手をつなげない

「手をつなごうね」とお願いしても
私の手を振りほどいてダッシュ。
もうひとり誰か大人がいないと
スーパーにも行けない。

➡ P.218へ

人をたたく

何度も「ダメ！」って
言ってるのに
なんでやめてくれないの？
公園や児童館に
行くのが怖い…。

➡ P.212へ

偏食

食べられるものが
少なくて心配。
保育園の連絡帳に
「給食を残しました」って
書いてあるとヘコむ…。

➡ P.208へ

登園しぶり

言葉がゆっくりだから
なぜ園に行きたくないのか
理由がわからない…。
私も仕事をしないといけないし
どうしよう⁉

➡ P.226へ

発達特性のある子を育てるのは
何倍も手がかかって大変。でも
「子育ての上級者コースを
走っているんだ」と気づけたら、
きっと自信につながります！
特性のある子は、小さな成長に
何倍もの感動を与えてくれる
〃育てがいのある子〃。

この本に何度も登場する
〝ポジティブな目線（肯定的注目）〟を使い
成長を信じて接していくと、
子どもは親の想像を超えてググーンと
大きく伸びていきます！

もくじ

第2章 コミュニケーションの発達段階に応じた 言葉とやりとり力の伸ばし方

第3章 心理学をもとにした「ABC分析」でかんしゃくを減らす！

第4章 お悩み別 発達相談アドバイス

偏食 他害 多動 クセ 感覚過敏 登園しぶり…etc.

第5章 発達障害→神経発達症の基礎知識&子育てマインドをアップデート

第6章 発達特性のある子のための小学校の入学準備&学習対策

注目する　注目しない

アイコンタクト　ほめ方　叱り方で
わが子が変わった！

本書の第1章のアイコンタクト、注目するほめ方などの基礎づくりによってお子さんの成長を実感し、前向きな気持ちになったママたちの声を紹介します。

無発語から単語をしゃべることが増え、
顔を見てくれることが増えたため
コミュニケーションがとりやすくなりました！

TSさん（子ども3歳）

次男は言葉がつたなくて目が合いにくく、
4歳で軽度知的障害をともなうASDと診断。
私は先が見えない不安から、ひとりになるとよく泣いていました。
前に進みたくて保育園年長のとき、ゆみ先生に相談。
アイコンタクト、1日30回ほめることを
実践しました。
会話のやりとりで目が合うことが増え、
会話力が向上！
年子の長男と仲良く遊べるようになって、
家族の笑顔が増えました。
小学校では自分の力で友だちがたくさんでき、
成長に喜びを感じています。
子育てしていて、今がいちばん楽しいです！

H.Hさん（子ども9歳、7歳）

いちばん困っていたお友だちとの
関わり方が改善。保育園でお願いしていた
加配の先生も来年度は必要ないと
園長先生に言われました。
私のメンタルが安定し、
子どもを心から愛せるようになりました。

かめちーさん（子ども3歳）

息子は2歳8か月で幼稚園のプレ保育に通いはじめ、1週間後に担任の先生から呼び出し。**「指示が入らない、遊びが定まらず動き回る、お友だちをたたく、押す」**と指摘され、その言葉が胸に突き刺さって先生の前で泣いてしまいました。

悩む中、ゆみ先生のInstagramの投稿を見つけて相談。

当たり前にできている行動に注目してほめること、肯定的な言葉で基本的なルールを守ることも根気強く伝えました。

息子は「少しのがんばりでいいことがある」とわかってガマン強くなり、自分のこだわりを通せないときも妥協できるように。

素直に率先して取り組んでくれるようになり、
親子関係が良好になりました！

さきさん（子ども5歳）

他害、かんしゃく、パニックが
目に見えて減りました。

以前のわが子は自己肯定感が低く「みんな僕のこと、好きじゃないんだ、大嫌い！　あっち行け！」と言うことがありましたが、今では「**みんな僕のことが大好きなんだよ。僕は宝物だよ」**とうれしそうに話してくれるようになりました。

kmさん（子ども4歳）

肯定的な言葉でのほめ方、命令口調ではない指示の出し方を意識しました。親の考え方、言葉づかいが変わることで、**長男は言葉が増え、多動・衝動性が落ち着きました。**
長女は、かんしゃくが減って切り替えができるように！
長男の発達検査の結果は、**4歳から6歳でIQが25もアップ。**主治医にも「本当によく伸びましたね！」とほめられ、小学校は通常学級へ。登校しぶりもなく楽しく通っています。

ともこさん（子ども6歳、5歳）

息子は3歳のときに知的障害をともなうASDと診断され、どん底にいた私。

ゆみ先生に相談をしてからは、「目が合ったらいいことがある」となるように**アイコンタクトの強化を重点的にし、子どもの行動に注目して実況中継、ほめることを実践。「この子は何でもわかっている」という意識で関わりはじめてから、意思疎通がとれるように**なっていきました。

さらに、文字を教えて半年ほどでひらがな、数字が読めるようになり、**今では数唱もできて、なぞり書きのワークもできるように！** 息子は5歳になりましたが、私に要求以外のこともたくさん伝えてくれます。

Rさん（子ども5歳）

朝の準備で**「ほめ言葉＋目を合わせて笑顔でタッチ！」**でグズっていた娘の表情がニコニコに！

保育園の行きしぶりにずっと悩んでいましたが、遅刻ゼロになって驚いています。

がんばりを認める声かけで、ちょっと**ガマンする力がアップ。外出先で転がる激しいかんしゃくがなくなり、**手をつなげるようになり、出かけるのがとてもラクになりました！

YKさん（子ども3歳）

自己紹介

たくさんの育児本の中から
この本を手に取っていただき
ありがとうございます！
西村佑美です。
ゆみ先生と呼んでください。

私は小児科医で、
大学病院に勤めながら
一般小児科と発達外来を担い
これまでに延べ1万人の
子どもたちを診てきました。

プライベートでは
発達の特性と個性と
魅力があふれる長男を含めた
3人の子育てに奮闘中のママでもあります。

朝の私は…

長男（小6）　　長女（小3）

小学校に送り出し
次男を幼稚園へ！

次男
（幼稚園年中）

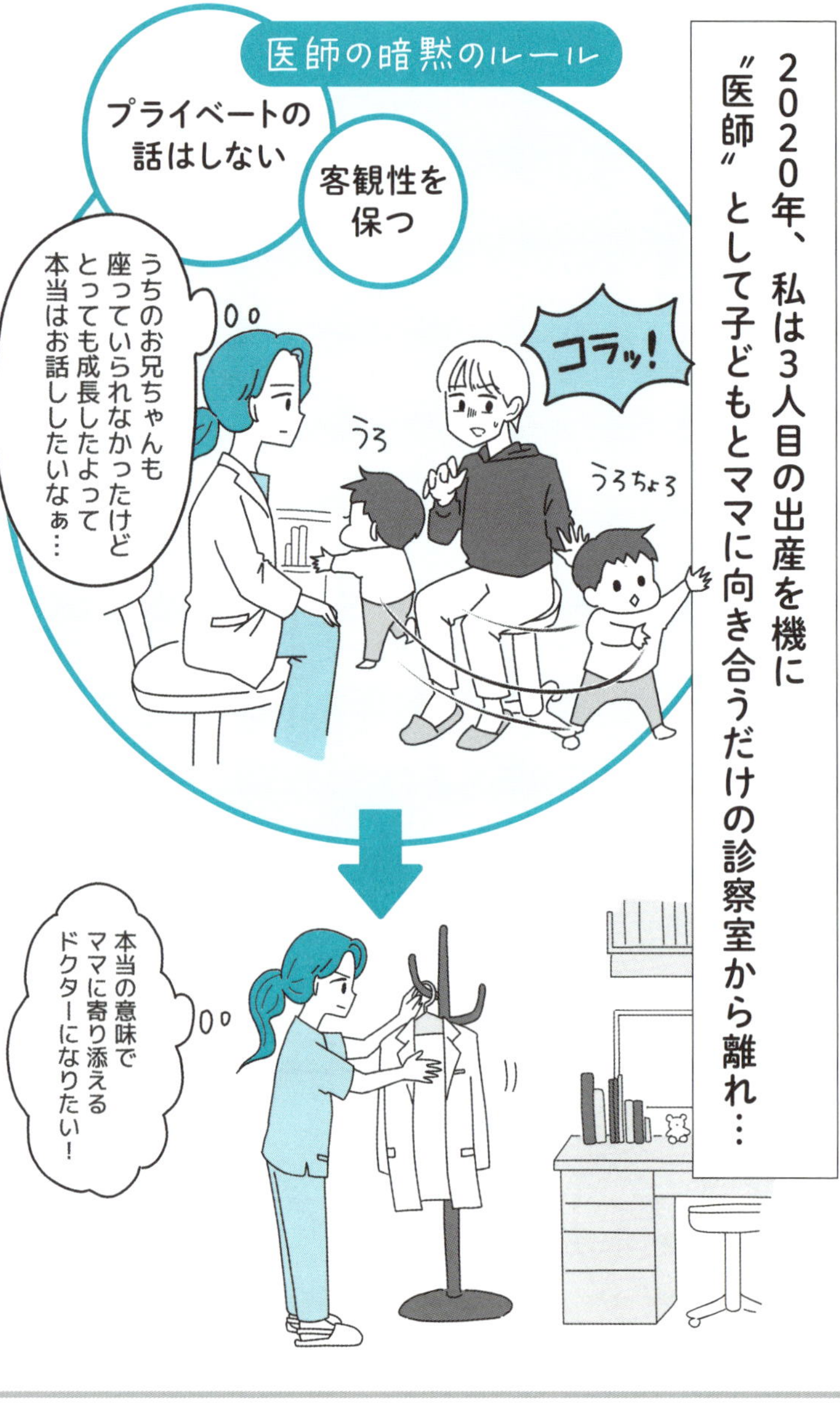
2020年、私は3人目の出産を機に
〝医師〟として子どもとママに向き合うだけの診察室から離れ…
医師の暗黙のルール
プライベートの話はしない
客観性を保つ
コラッ!
うちのお兄ちゃんも座っていられなかったけどとっても成長したよって本当はお話ししたいなぁ…
うろ
うろちょろ
本当の意味でママに寄り添えるドクターになりたい!

子育てに奮闘する仲間〝ママ友〟のように
プライベートの経験談も共有しながら
育児・発達相談に答える
ママ友ドクター®の活動をはじめました。

オンラインやリアルな対面での
発達相談会、講演など

子育ての悩みや苦しみに共感し
ときにはいっしょに泣いたり
不満（グチ!?）を語ったり。
診察室にいて
医師という立場だけでは叶わなかった
ママに寄り添って育児を応援する
活動をしています。

ゆかいな

西村家の家族を紹介します!

私（にしむら ゆみ）

小児発達と子育てが専門の小児科医で3児のママ。最重度の自閉症（カナー型※）の姉をもつきょうだい児として育ち、発達特性のある子と親に寄り添える仕事がしたいと医師を志す。ADHDタイプで過集中&うっかり屋のところもあり、3つ以上荷物を持ち歩くと1つ必ずどこかに置き忘れるため、バッグは左右の手に1つずつまで、がマイルール。発達や子育て関連の探求のため手に入れた本で自宅は図書館状態。帰国子女なので英語が得意。特技は空手（初段）。

お兄ちゃん（長男） 小学6年生

1歳半頃から、目が合いにくい、言葉の遅れ、多動、かんしゃく、偏食…など発達特性が目立ちはじめる。家庭での肯定的な声かけや療育的な育児に加え、発達支援、幼稚園、インター幼稚園を経験。さらにある幼児教室で教え方が抜群に上手な先生と出会ったことからより幅広く学びながら、言葉、社会性、集団適応の力がググーンと伸びて英語も得意な小学生に。今では多動な弟のめんどうを見てくれるまでに成長。昭和レトロやヒーローものが大好きで、ゴッホの作品を密かに愛する一面も。「特性」が魅力あふれる「個性」として花が咲き出したロールモデル!

※カナー型自閉症は以前の診断基準（DSM-5より前）の分類・呼称で、現在はASD（自閉スペクトラム症）に統一されています。

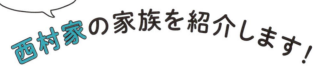

お姉ちゃん（長女）小学3年生

勉強も身支度も弟の世話も親が言う前にこなし、早起きして電車で通学するしっかりもの。0〜1歳のときは、母が兄の対応で手一杯のため“上の子優先”の日々を経験。その後、大学病院のフルタイム勤務復帰にともない、保育園のお迎えが遅くなる日々がはじまるとかんしゃくがひどくて親を困らせた時期も。おしゃれ好きで、卒園式では、親の説得を押し切って『アナと雪の女王』のエルサのドレスを着た伝説あり。

末っ子（次男）幼稚園年中

コロナ禍でマスク生活がはじまった2020年生まれ。言葉の遅れがあり、2歳前半で難聴外来を受診するも異常はなく、今はきょうだいゲンカで兄姉を言い負かすことができるぐらいおしゃべり上手に。緊張すると多動になり、控室を走り回りながら挑んだ幼稚園の入園面接では「ぼく、きんちょうしてるの」と言って場をなごませ合格した強者。プリンセス、ヒーローものなどジェンダーフリーで好きなものを楽しめる。甘え上手でみんなのアイドル的存在。

パパ

大学病院で重症の子の診療をしたり、医学生や若手小児科医の指導やクリニックの外来をこなす、小児科専門医。大学時代の同級生で、卒業後に結婚。診察室から離れている妻の活動をいちばんに応援してくれている（Instagramのママ友ドクターのライブ配信をチェックしているらしく、夫が見ていると思うと緊張…）。料理が趣味で、家族の食事やお弁当を作ってくれる。

わが家の長男 成長エピソード

何らかの診断名がつくかもな…
と気づいていながらも
定型発達児であってほしい
ぎゅっ
“発達障害児”というレッテルを貼りたくない
発達外来をもつ医師でありながら母親の立場になると
わが子を客観的に見たり受容できず…
そんな不安を抱く中
2歳になり保育園のお遊戯会
○○ほいくえん
病院併設の保育園で夕方に行われました
ぞろぞろ
いつもと違う大勢の保護者がいるホールで
息子は私を見た瞬間泣き出し
走り回って
ウワァーン
先生に抱えられて暴れ
他の子と同じようにお遊戯できませんでした

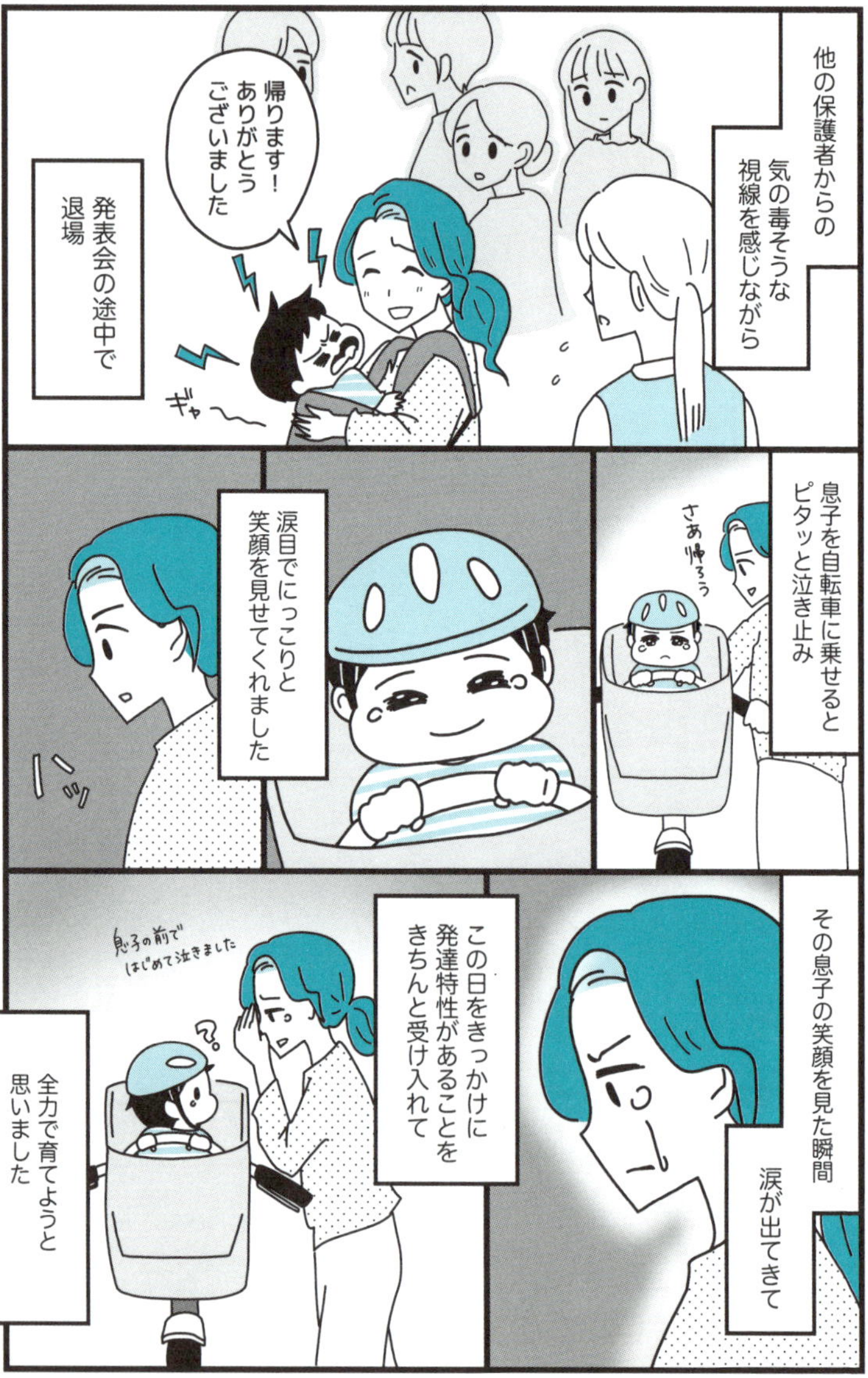

他の保護者からの気の毒そうな視線を感じながら
帰ります！ありがとうございました
発表会の途中で退場
ギャ〜
息子を自転車に乗せるとピタッと泣き止み
さあ帰ろう
涙目でにっこりと笑顔を見せてくれました
ハッ
その息子の笑顔を見た瞬間
涙が出てきて
この日をきっかけに発達特性があることをきちんと受け入れて
息子の前ではじめて泣きました
？
全力で育てようと思いました

夜空を見上げると月と星の光が涙でにじみ
筋になっていたのを覚えています
3歳児健診では―
あの子赤ちゃんみたい
―としゃべり方が幼い息子を見た同じ3歳の子に言われ
体重・身長測定では泣いて大暴れ
振り返ると息子は感受性豊かで視覚優位な子
いつもと違う状況になると緊張から
ママ助けて！帰りたいよ
と訴えるために泣いていたのだと思います
当時は言葉がうまく話せなかったので「どうせ言ってもわからないから」と決めつけて過ごしていたことが多かったと思います
今日はね○○をするよ！
ママがいるから大丈夫
言葉が遅くても「この子はいろんなことを理解している」と信じて
お遊戯会や健診のことも事前に説明してあげればよかったと反省しています

それから特性は
〝弱み〟と〝強み〟をセットで捉え
子どもの気持ちを常に
想像するように
幼稚園年少
今日も
クラスの部屋から
出て行ってしまって
たいてい
年長さんクラスの
部屋に行って
本を眺めています
!
息子は絵本を眺めたり
読んでもらったりするのが
好きな子
年少さん向けの本は
もの足りなくて
年長さんクラスの本棚に
興味があったんだ
〝部屋から勝手に脱走する子〟と
誤解されないように
ぼく
年長さんの本が
見たいんだ
ーと 先生に理由を説明
できるように練習しよう
ピピーー
「多動＝好奇心旺盛」で
他の子が気づかない小さなことも
発見できるって強みでしかない

「さぁ、どう育てよう」
息子の成長する力を信じて
トップクラスの発達支援を実践する
公認心理師の友人に教わりながら
アイコンタクト＋笑顔
・目を合わせてから指示をする
・子どものお願いには
目が合ってから応える
ほめる
かっこよく座れているね！
おっ！
お皿ピカピカにできたね
この本で紹介するような
肯定的注目（＝ほめ方）
ポジティブな視線を向ける習慣を
わが家で実践してきました
言葉のレッスンでは
息子とともに親も学んで
絵本は投げないで
「読んで」って言えばいいんだよ
言葉、社会性、集団適応力を
伸ばし…
私たち
「叱らない＝甘やかし」の
育児になっていたかも

幼稚園年少のときは部屋から脱走していたけど
小学1年生のはじめての授業参観では
がんばってる
体が床につきそうだよ～っ
体が傾きつつもがんばって座れるように！
会話が一方通行だったけど小学2年生頃に言葉の遅れは気にならなくなり
だって○○○○！
すごい口ごたえしてる～
感動！
今では親に口ごたえできるほどに！
以前は野菜が苦手で皿からつまみ上げてテーブルに並べていたけど
焼きうどん
うどんだけ食べていた
ネギ
キャベツ
ニンジン
偏食対策がんばってきてよかった
野菜サラダを見て「おいしそう！」と言うように！

今では多動な弟のめんどうを見てくれる
やさしいお兄ちゃんに成長してくれました
小さいときは子育てが大変でしたが小学3年生頃からは
ヒーローフィギュアで2時間近くぶっ通しの人形遊び
すごい！頭の中でストーリー大作ができているんだ！
昭和レトロ好きのアンテナ
これいいね〜
かんばん
古い建物や信号機看板のサビ…
カセットプレーヤー
「感性がおもしろい子だな」と思って毎日の子育てを楽しめるように
お子さんによって特性はさまざま
ここでお伝えしてきたことは1つの経験談ではありますが
今、不安なママに「子どもって、成長するんだ！」と少しでも前向きな気持ちを持っていただければうれしいです！

ママの不安を軽くする!

発達特性のお悩み相談

Q.発達“障害”だから成長をあきらめるしかないの?

A

あきらめなくていいんです!
脳は生まれてからの経験、環境、そして
学習機会を得ることで成長します。
特に**乳幼児期は脳が急激に発達し、**
親子の日常のやりとり、遊びを通して
言語能力や社会性などが伸びるとき。
何もしないで
〝様子を見る〟なんてもったいない!
今日からできることを
この本でお伝えしていきます。

発達特性のある子の苦手なこと

- 知らない人、場所（人見知り、場所見知り）
- イレギュラーなこと（いつもと同じじゃないと不安）
- 好きな食べ物以外を食べる（偏食）
- 服の感覚（制服や帽子を嫌がる）
- 大きな音、赤ちゃんの泣き声
- お友だちとのやりとり
- じっと静かに座る
- 園の集団生活での一斉指示に素直に従う　など

“苦手だから、できない”と決めつけないで、その子にとってわかりやすい教え方を心がけ経験をつみ重ね、学ばせればいい！

“苦手なこと”が“得意”にはならなくても、子どもたちは経験を積み重ねて少しずつ“慣れる”ことができます。乳幼児期のうちに「苦手だから」「できない」と決めつけず、お子さんの成長を信じてあげてほしいのです。

医学のNews

2013年 DSM-5※（アメリカ精神医学会）

2022年 ICD-11（世界保健機関 WHO）

国際的な診断基準が発表され

発達障害 ➡ 神経発達症

という名称に！

広汎性発達障害／自閉性障害／
アスペルガー障害など

➡ **自閉スペクトラム症**（ASD）

注意欠陥多動性障害

➡ **注意欠如多動症**（ADHD）

学習障害

➡ **限局性学習症**（SLD）

そもそも「障害」は不可逆的な状態（もとに戻らない）をイメージさせる言葉。診断名に「障害」とつくことは、児童や親に大きな衝撃を与えるため、「障害」の2文字が「症」と表記されるようになりました（P.238）。

※DSM-5は、DSM-5-TRとして2022年にさらに改訂されました。

発達支援のNews

アメリカでは療育（発達支援）はどんどん進化！ 2010年代からは親だからこそできる 子育てプログラムが注目されるように！

発達特性のある子を伸ばす療育や育児法は、1歳前後の早期から「遊びとアイコンタクト」「親子関係」を重要視する時代に突入しました。この本で紹介している子育ての方法は、私が学んできた療育や心理学の最新のエッセンスを取り入れています。

この本に取り入れているのは…

ペアレント・トレーニング／ペアレント・プログラム

困りごとを子どもの特性や性格のせいにせず、“行動”を見て肯定的な注目を与える（ほめる）ことを基本にした親向けプログラム。親子の信頼関係を築き、自己肯定感を上げるための基礎につながります。

ESDM

アメリカで2010年代に発表された、ASDのための超早期療育プログラム。生活場面で子どもの好き・興味のあることを親子で共有しつつ、はじめのうちは子どものリードに従って遊びながらやりとりし、コミュニケーション力を伸ばします。

ABA

現在の多くの療育の基礎となっているABA（応用行動分析）の手法のうちABC分析を紹介。かんしゃくなど子どもの困った行動が起こったとき、「きっかけは何だろう?」と冷静に分析して対策を立てられます。

PCIT

PCIT（親子相互交流療法）は、親子関係の改善を図れるプレイセラピーと行動療法に基づく心理療法。目指したい親のあり方をイメージし、子どもに必要な社会ルールを身につけさせるための特別な遊び方・接し方を学べます。

他にもTEACCH、PECS、SST、JASPER、感覚総合療法などのエッセンスも取り入れています。

Q.“普通の子じゃない”から将来が不安…

A

AIと共存していく今の時代は、きっと
〝普通じゃない〟ことが強みになると思っています。
〝弱み〟（短所）もポジティブに変換すれば、
人とは違う〝強み〟（長所）に！

私は発達外来やオンライン相談で
ASDタイプのお子さんは
「人より物に夢中になれる学者さんタイプ」
ADHDタイプのお子さんは
「好奇心旺盛」などとポジティブに表現します。
するとママのお子さんへのまなざしが
「なるほど、そうかも！」と前向きになるんです。

発達特性のポジティブ変換表

人見知り、場所見知り	➡	慎重派、周りをよく見てから動けるタイプ
遊びからの切り替えが苦手	➡	夢中を手放さないマイワールドがある、好きなことに集中できる
こだわり行動	➡	ルーティーン、ルールを守るまじめさがある
多動	➡	好奇心旺盛、行動力がある、疲れ知らず
衝動性	➡	情熱がある、決断が速い
空気を読めない	➡	空気に流されず、革新的なアイデアが出せるかも!?
好きな服しか着ない	➡	ファッションセンスがある。将来の仕事はファッション関係!?
かんしゃく	➡	「NO!」「やりたかった!」を全身で自己主張できる
言葉の遅れ	➡	言葉のやりとりに頼らず周りを“見て”状況を判断するのが得意

ASDっ子
（傾向含む）

▼

人より物に夢中になれる 学者さんタイプ

強みになる特性

●興味、好きなことへの探究力

興味・好きのスポットライトで“マイワールド”に没頭して集中する力があります。1つのことを深掘りして知識を深めるのが得意。

●まじめでルールを守る正義感

ルールを理解するとそれを守るまじめさ、正義感あり。素直でウソがつけない、やさしい心ももっていて、裏表のない面が信頼されます。

●豊かな感受性と発想力、創造力

多数派とは違う視点をもち、革新的なアイデアを出せる人材に。豊かな感受性による創造力で音楽、アートなどのジャンルで活躍する人も！

向いていそうな職業

技術者、研究者、音楽家、芸術家、警察官、動物関連の仕事など

Episode

以前、発達外来で、幼稚園年中の男の子がひとり言を続けていたので「何のお話をしているの?」と聞いたら「今ね、火星の自転の話を考えていたんだ」と教えてくれました（なんと壮大な宇宙の話！）。ほかにも英語の動画を見るとセリフを全部覚えてしまう子、パズルのピース1つひとつを先に全部見てインプットしてから迷いなく組み立てていく子、大人に混じって生け花を習い、センスが光っていた子…などなど、子どもたちのハッとさせられる感性の芽をたくさん見てきました。お子さんの好き・興味から感性の芽をぜひ探してみてください！

ADHDっ子
（傾向含む）

▼

好奇心旺盛で行動力のある探検家タイプ

強みになる特性

●行動力があり、フットワークが軽い

好奇心アンテナの矢印がいろいろな方向に向き、目に入った気になるものを調べに行く探検家。疲れを知らない多動力=行動力は強みに。

●頭の回転が速く、好きなことに過集中

脳が「ヒマになる」ことが苦手で、ボーッとしているようで頭の中ではいろいろなことを考えています。興味のあることへ過集中できる特性があり、興味が勉強に向くと得意に。

●人、新しいことに物怖じしないパッション

人見知りをせず、明るくて愛嬌があり、誰からも好かれるタイプ。イノベーションを起こす経営者・起業家、政治家にはADHDタイプの人も。

向いていそうな職業

営業職、マスコミ関係、観光業、経営者、プランナーなど

Episode

長男が2歳の頃は、スーパーで「あれは何?」と気になるとダッシュして行っていなくなるので、買い物は夫と3人で行くようにしていました。でも、あるとき見失ってしまい、迷子になって警察を呼ぼうかとなったことも…。もう一度、店内をくまなく探すと、お酒のコーナーでしゃがんでキレイな青いビンをじっと眺めてうれしそうにしていました（物陰で見えなかったんです）。小学校高学年になった今は勝手にいなくなることはもうありませんが、街を歩くと、昭和レトロな風景、例えば古い建物やサビかけた看板を見つけると「これ、いいねぇ～」と、いつも好きなものへのアンテナが立っています。将来、彼の好奇心からどんな花が開くのか楽しみです。

Q.切り替えが苦手。親の言うことを聞きません。

A

切り替えが苦手、かんしゃくをよく起こす、
立ち歩く、手がつなげない、園の行きしぶり、
偏食…など、さまざまなお悩み
相談をいただきますが
みなさんにお伝えしている
最も大切な基礎があります。
それは、
お子さんの〝行動〟を見て
肯定的な注目（ポジティブな視線）を与える
〝親〟としての基礎づくりをすることです。

これは「ペアレント・プログラム」や
「ペアレント・トレーニング」といった
親子向けのプログラムでも最初に取り組みます。

「子どもがすぐに変わるテクニックを教えて！」
と思うかもしれませんが、
実はこの基礎づくりこそ、
子どもの自己肯定感を上げ、
親にとっては日常の声かけが伝わりやすくなって
子育てがラクになる近道なのです。

親の声かけが伝わり切り替え上手に!

かんしゃくが減る 肯定的な注目の基礎とは

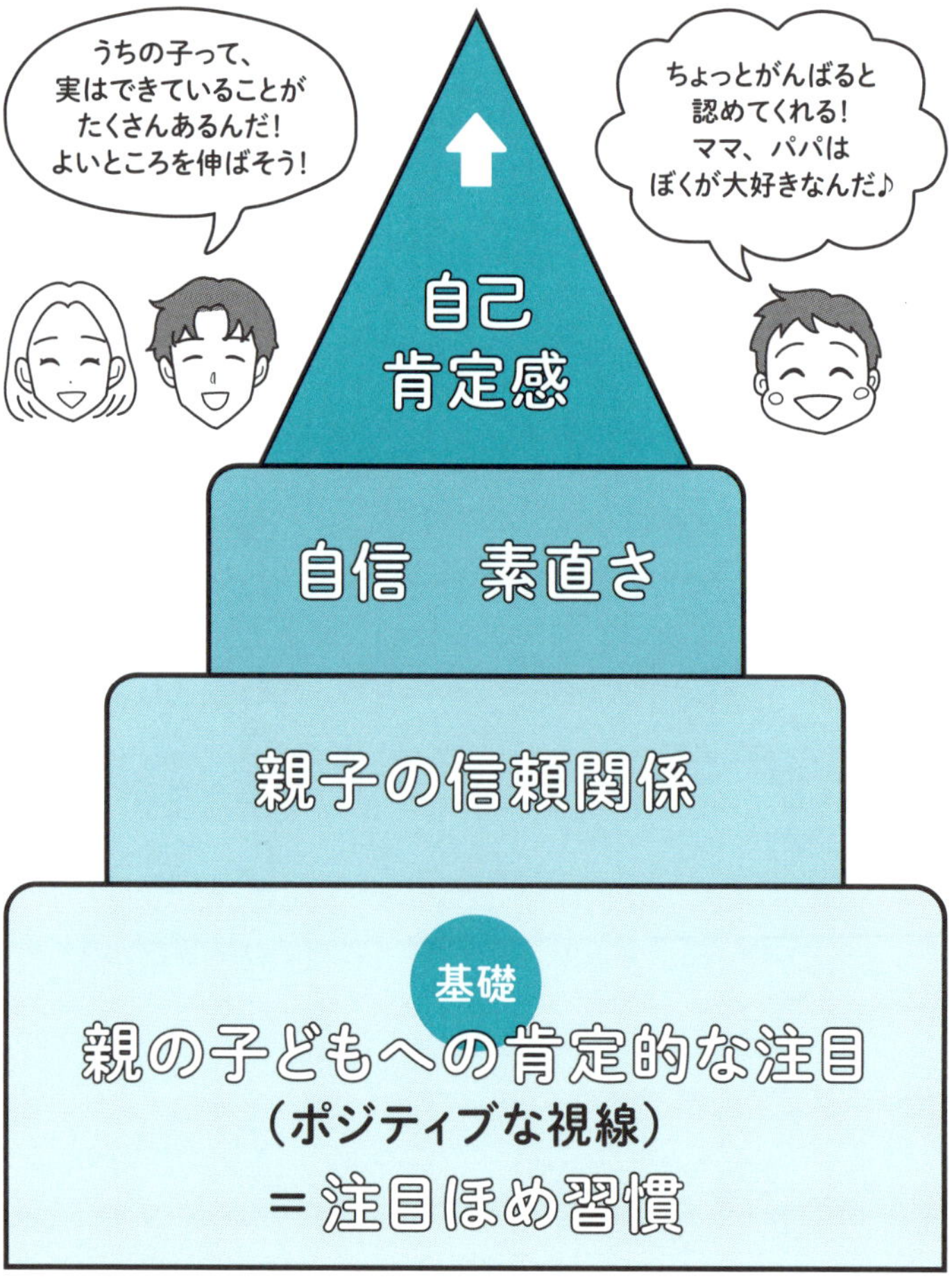

基礎づくりのための

注目ほめ習慣

アイコンタクト+笑顔

日常で子どもと目が合ったら、ママ、パパが口角を上げてニコッと笑う。それだけで子どもはウキウキ♪して幸せな気持ちに。「アイコンタクト+笑顔」のポジティブな視線をともなうほめ習慣は、人の目を見て話を聞く力も育みます。

→ 詳しくは P.078へ

注目するほめ方

「すごい!」「上手!」と大げさにほめなくても、子どもの行動をそのまま肯定的な言葉でナレーション（実況中継）するだけでもOK。子どもに小さなお手伝いをお願いして「ありがとう」と感謝するのも自信をつけるほめ言葉のひとつ。

→ 詳しくは P.092へ

注目しない叱り方

子どもが困った行動をするとイラッ!としますが、まずは6秒待って怒りを逃し、あえて目を見ず冷静に好ましい行動を伝えます。そして子どもが行動を少しでも変えたら、すぐに肯定的に注目し、最後はほめて成功体験にしてしまうのが上手な叱り方のコツです。

→ 詳しくは P.112へ

まず、次のページからの方法を
ぜひ実践してみてください!
アイコンタクトや声かけのちょっとしたコツで
子どもがごきげんになることがわかります

〇✕で違いがわかる!

アイコンタクト、肯定的な声かけで子育てはこんなにラクになる!

もしも、「私、✕のほうをやってる…」というのなら、
〇のほうを実践してお子さんの反応がどう変わるのか確かめてみてください。

朝の登園準備編

✕ 否定的

1. 子どもの目を見ず、キッチンから「起きてー!」と叫ぶ

↓

2. 着替え、くつをはくとき「遅刻するよ! 早く!」

時間がないときほどつい急かして
命令口調の怒った声かけに。
すると朝のグズグズが長引いて悲惨…

肯定的

○

① 子どもの視界に入り、
目を見て笑顔で「おはよう」

↓

② 着替え、くつをはくときは、
手伝いながら「ズボンはいたね」
「右足入った！」など
行動をそのままナレーション

↓

③ くつのテープは子どもにペタッ！とさせ、
最後に「できた！」と
目を合わせて笑顔でタッチ！

急がば回れ！ あえて手をかけタッチして
子どもをニヤッとさせる作戦へ。
ごきげんで登園でき時短です！

公園から帰る切り替え編

否定的

1 子どもの「帰らない」
「ヤダ！」にイラッ！
遊んでいる子どもを“困った子だ”と
困り顔or怒り顔で見る

2 「おやつ食べよう」など
ごほうび作戦も効かず、

「もう置いていくよ」「鬼が来るよ！」

子どもは親の表情や表現が怖いと反発。
怒って脅すような言葉を使うと
かんしゃく&イライラコースへ。
ママは対応でクタクタに…

肯定的

〇

子どもの「帰らない」「ヤダ！」にイラッ！
でも、ここが勝負の分かれ道。

1 「まだ、遊びたいんだね」と
いったん気持ちを受け止めて
口角を上げて笑顔で子どもを見る、
グッとガマンして待つ！
説得をがんばらない

2 子どもが近づいてきたら
ニコニコで腕を広げハグ！
「帰って、おやつ食べようか」と
切り替えのごほうびを伝える

イラッ！を逃し、笑顔をキープ。
アイコンタクトを取れたママの勝利！
「かんしゃくを防げた私って子育て上手」と
自分をほめて!!!

注意引きの困った行動 編

否定的

✕

① ママがキッチンで料理中、子どもがオモチャを投げた

↓

② 子どもに近づいて「ママの目を見て！投げちゃダメでしょ！」と怒った表情で注意

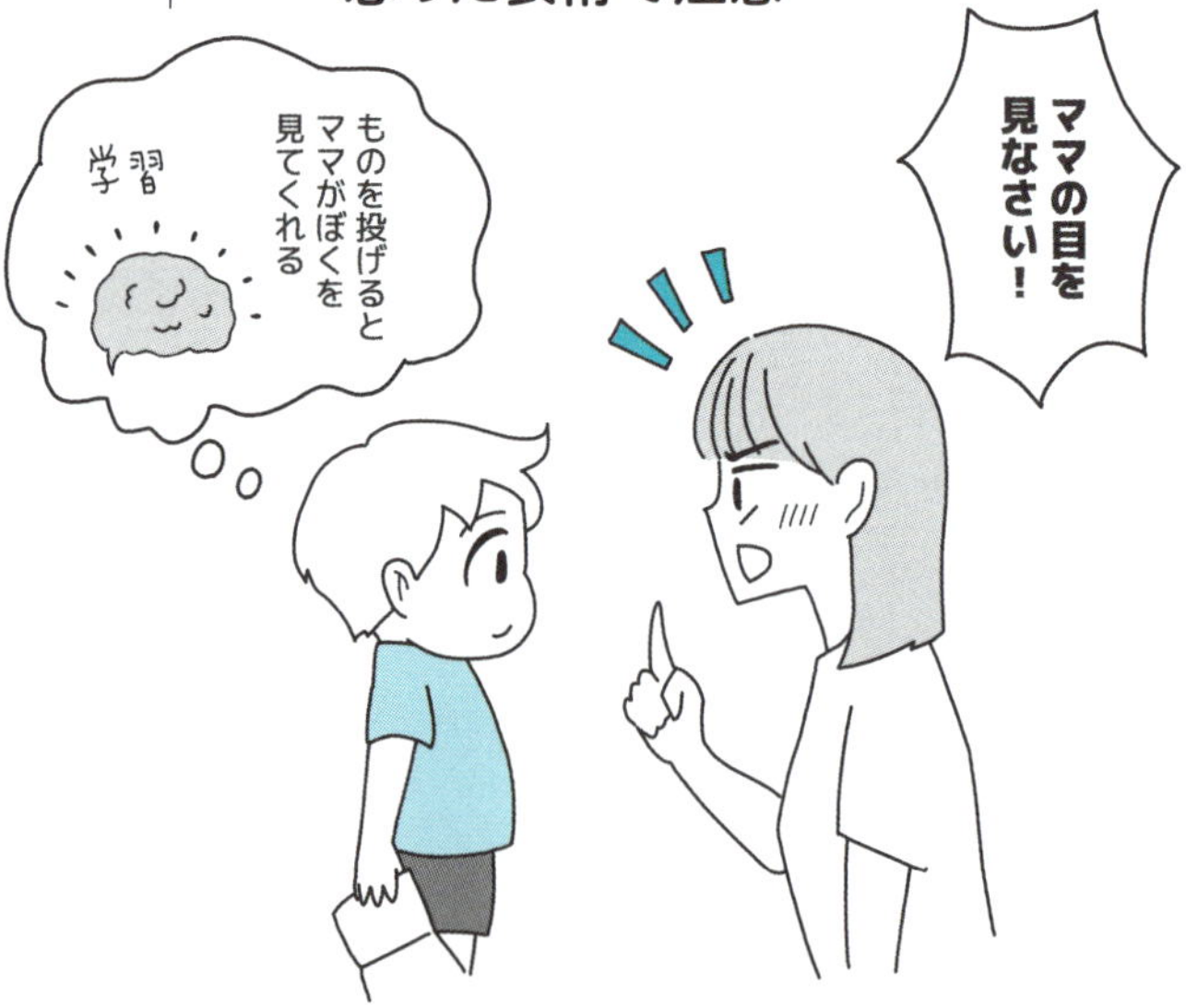

「オモチャを投げた→ママが注目してくれた」と子どもの脳にとってごほうびになり困った行動はなくならない

肯定的

① ママがキッチンで料理中、子どもがオモチャを投げた

↓

② 子どものほうはあえて見ず、淡々と無表情で「オモチャは投げません」と伝える

↓

③ 子どもが投げるのをやめたら「やめられたね！」と目を見て注目するか、「お手伝いする？」と別の話題の声をかける

最後はうまく成功体験にしてしまうのが自己肯定感を下げない上手な叱り方！

「ママに甘えたい」という気持ちが注意引きの行動の理由なら、日常で子どもと目が合ったらニコッと笑う「アイコンタクト+笑顔」の習慣を強化。きょうだいが近くにいないタイミングにギュ〜ッと抱きしめて「ママは○○（子どもの名前）が大好き！」と伝えてみて。注意引きの行動を減らせます。

Q.「目が合いにくい」「言葉が遅れている」

A

お子さんは、オモチャやおやつなど
欲しいものがあるときに
ママの方を見て、取って！と言いたそうに
手を伸ばしたり、「あっ！　あっ！」と
一生懸命に声を出したりしていませんか？

このような要求のアイコンタクト、
ジェスチャーが出ているのは
コミュニケーションの発達段階が「種まき期」から
「めばえ期」に進歩しているということ。
子育てに自信をもってください。

まだ目の合いにくい
「種まき期」のお子さんも
ふれ合い遊びなどを通して
アイコンタクトの力を伸ばせます。

本書では、
「コミュニケーションの発達段階」をもとに
子どもの今の段階に合う、
言葉とやりとり力の伸ばし方を
お伝えします！

わが子に合った言葉の伸ばし方がわかる!

コミュニケーションの発達段階とは

言葉の遅れを気にしてむやみに“言葉のシャワー”で話しかけるのではなく、
段階に合った接し方・遊びをしていくことで
「①種まき期→②めばえ期→③すくすく期→④つぼみ期」にステップアップ!
焦らず、お子さんの成長を信じて言葉とコミュニケーション力を伸ばし、
開花につなげていきましょう。

人と関わる
楽しさを知る

① 種まき期

目が合いにくく、親に関心がないと心配されると思いますが、コミュニケーション力の種まきになるアイコンタクトの練習をすれば大丈夫! 親に“要求”することもまだよく知らない段階なので、まずは、子どもの好き・興味、ふれ合い遊びなどを通して人と関わる楽しさを経験させます。「ママ、パパと目が合うとうれしい!」「親は好きなことをいっしょに楽しむ特別な存在」になり、要求したいという気持ちを引き出します。

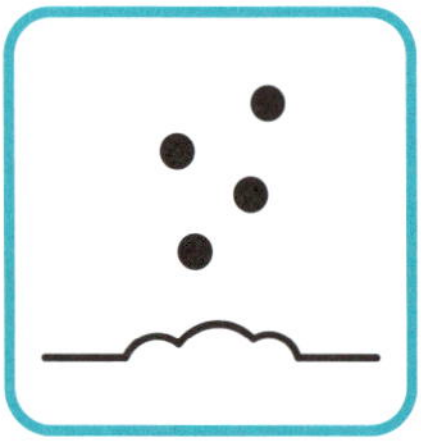

要求のジェスチャーが
出てくる

② めばえ期

欲しいものに手を伸ばしたり、声を出したりするとママが取ってくれる!と、人に要求する便利さがわかってくるめばえ期。お子さんがおやつの袋を開けて欲しそうなら、親が袋を指し示しながら「開けて?」と言うなど「ジェスチャー+言葉」で手本を見せ、やりとりの方法を教えていきましょう。アイコンタクト、ジェスチャーなど非言語のコミュニケーションをたくさん取ることが、発語につながります。

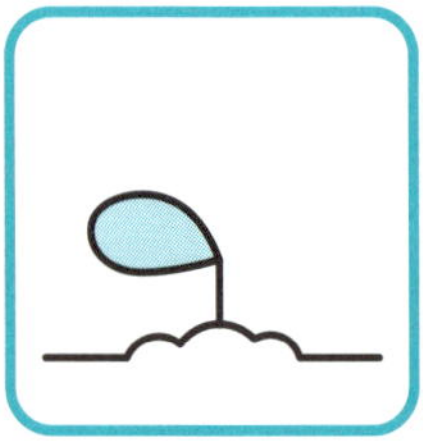

【付録のシートのチェック法】

●本の最初の「コミュニケーションの発達段階 チェック表」の項目を読み、お子さんに当てはまるものにチェックをつけてください。

●チェックが多くついたところが“今”の段階です。シートの裏面や第2章（P.156~）で紹介している、段階ごとの接し方や遊びのコツなどを生活の中で実践しましょう。

●ときどきチェック表を見直し、次の段階にチェックがついたらステップアップ。またその段階に合う接し方・遊びをして言葉とやりとりの力を伸ばしていきます。

【各段階のアイコンについて】

段階によって効果的なほめ方、叱り方、かんしゃく対策などが変わってきます。この本に出てくる各段階のアイコンを目印に、お子さんへの声かけの参考にしてください。

種まき期　めばえ期　すくすく期　つぼみ期

言葉の理解が進み、会話ができる

④ つぼみ期

言葉の意味を理解して短い会話ができるようになり、過去や未来のことも話しはじめる段階。社会のルールもだんだん理解できるようになるので、親子でルールのある遊びを練習したり、お友だちを遊びに誘うときは「肩をトントンしてから『遊ぼう』」と言うよなど、お友だちとのやりとりでどうふるまえばいいか教えていきましょう。

共同注意ができ、一語文が出てくる

③ すくすく期

子ども（親）が「ねえ見て!」と指さし、親（子ども）も同じものを見るという“共同注意”ができるようになれば、すごい進歩！　発語がまだなら一語文（例：犬だね）、一語文が出ていれば+1～2語（例：白い犬だね）で話しかけましょう。子どもが今、何を言いたいのか?を考え、親が言葉にして手本を示します。

この本の読み進め方

重要!

① まず、第1章の「注目ほめ習慣」の基礎づくりから!

親子の信頼関係の基礎づくりをしっかりすると、1〜3歳なら数週間、4〜6歳は数か月で子どもの自信と素直さが伸び、声かけ（指示）が伝わりやすくなります。

P.061へ

この基礎づくりをしながら…

② それぞれのお悩みに当てはまる対策を実践!

第2章
言葉の遅れ、コミュニケーション
P.145へ

第3章
かんしゃく、パニック
P.175へ

第4章
偏食、他害、多動・衝動性、クセ、感覚過敏、登園しぶりなど
P.207へ

第6章
就学先選び、小学校入学までの生活、学習面の練習
P.261へ

＋

③ ポジティブな視線で子育てするために第5章の発達特性に関する医学、療育の知識をチェック!

P.231へ

●この本の内容は、大学病院で発達外来を担当していた小児科専門医で子どものこころ専門医である著者が、医学・心理学的知識と診療スキルに加えさまざまな早期療育やペアレント・トレーニング、ペアレント・プログラムや幼児教育を学んだ上で、自身の経験談も交えながら1〜6歳（未就学児）の発達特性のある子のための子育て法をまとめたものです。
●最新の早期療育のESDMやJASPERでは「Joint Attention（共同注意）」が重視されており、本書では「アイコンタクト」「目合わせ」とわかりやすく表現しています。

第1章

アイコンタクト

注目する ほめ方

注目しない 叱り方

成功体験につなげる!
注目ほめ習慣の基礎づくり

子どもが言うことを聞いてくれない、かんしゃく、他害、立ち歩き、登園しぶり…あらゆる子育てのお悩みが改善に向かう注目ほめ習慣の基礎づくりからスタートしましょう!

成功体験につながる基礎づくりで声かけが驚くほど伝わりやすくなる！

「着替えて」「くつをはいて」「手をつないで」「座って食べて」……

そんな日常の声かけですら、子どもにイヤ！と拒否されたり、スルーされたりして全然言う通りに動いてくれず、毎日クタクタ。

「大好きなはずの自分の子を、かわいいと思えない」

そんなふうに悩み、苦しくなって、子育ての自信を失っていませんか？

第1章でお伝えしていく「成功体験につなげる！　注目ほめ習慣の基礎づくり」はそんな悩みをもつママ、パパの子育ての自信を取り戻し、「もう一度、わが子を大好きになる」ための方法です。

「アイコンタクト」「注目するほめ方」「注目しない叱り方」の3つで日常の声かけが驚くほどお子さんに伝わるようになります。

乳幼児期の子が、気持ちを切り替えて「ちょっとめんどうだな」「苦手だな」と感じる物事に取り組むのはすごいこと。


「ママ、パパの言うことを聞いて、ちょっとがんばってみようかな」

「きっと、自分ならできる！」


そんな子どもの素直さを引き出し、やる気や自信を育むにはどうしたらよいのでしょうか。

それは、子どもをポジティブな視線で見つめる「肯定的な注目＝注目ほめ習慣」を基礎とした生活を通じて、親子の信頼関係を築くことです。子どもは、周りの大人から日々の小さながんばりを認めてもらう成功体験をコツコツ積み、「大好きだよ！」と存在を認められて、自己肯定感が少しずつ上がっていきます。


「注目ほめ習慣」の基礎づくりに取り組んだ方々からは、

「子どもへの声かけが伝わりやすくなり、切り替えができるようになった」

「かんしゃくが減り、おだやかになった」というお子さんの変化をはじめ、

「わが子を心から愛せるようになりました」

「幼稚園の先生から子育て上手ですねとほめられました」と、ママが子育ての自信を取り戻して前向きになれたという声も届いています。

感受性豊かで発達特性のある子は自分を肯定する力を保ちにくい

「自己肯定感」という言葉を聞いたことがあると思います。英語でself-esteemと言い、自己肯定感、自尊心、自尊感情、自己有用感などさまざまに訳されています。テストの点数では測ることができない生きるための力（非認知能力）の土台とされ、自分の存在を認め「自分は自分でいいんだ」と思える心の状態を指します。自信をもち、心のゆとりをもてるような子どもに育つために不可欠な力です。

何らかのきっかけで自己肯定感が保てず自信をなくし、親子の信頼関係がくずれ、心につらさを抱えた小中学生の子どもたちを外来で診てきましたが、回復するのに数年かかることも。乳幼児期から自己肯定感の基礎づくりをして親子の信頼関係を築いておくことの重要性を感じてきました。

次のように、発達特性のある子は感受性が豊かだったり、本質的にまじめで一生懸命な子ですが、集団生活（保育園、幼稚園、小学校など）に入ると自己肯定感が下がってしまうことがあります。だからこそ、例えば**1〜3歳までは1日50回、4歳以上は1日30回、行動に注目しながらほめる習慣**をつけてほしいのです。

ASDタイプの子（傾向含む）

- コミュニケーションが得意なほうではなく、空気を読んでみんなと合わせることを求められる日本の集団生活では浮きやすい。
- 得意不得意、好きなことと嫌いなことが目立ちやすく（発達凸凹）、理解はできても不器用でイメージ通りにできなくて悩む。

ADHDタイプの子（傾向含む）

- 好奇心旺盛でじっとしているのが好きではない、興味のないことへの集中は苦手で、忘れっぽいゆえに「きちんと座れる、忘れ物をしない=いい子」という教育環境だと叱られやすい。

だから「注目ほめ習慣」で自己肯定感を保つことが大事！

乳幼児期から子どもの行動に注目してほめる基礎づくりをしておくと、小中学生になったとき、弱み（苦手）や困難があっても、「どんな自分でも大丈夫」と思えるように。強み（好き・興味）を伸ばしてあげれば自主性も育まれ、他人にもやさしくできる思いやりのある子に育ってくれます。

乳幼児期に家庭＋園、習い事でほめられると子どもは必ず伸びる！

乳幼児期は、環境（家庭、保育園、幼稚園など）からの刺激によって脳が急激に成長します。保育園、幼稚園の集団生活に入ると、平日の日中に親と離れる時間が長くなりますので、家庭での「注目ほめ習慣」に加えて、先生たちのキラキラした笑顔でほめてもらえる機会があると、保育園、幼稚園、習い事を通じて子どもの自己肯定感がぐんぐん上がっていくわけです。

ただ、3歳～5歳児の幼児クラスで園の先生たちは何十人もの子を見なければいけないので、わが子だけにほめ言葉をたくさんかけてもらうのは難しいですよね。

だからこそ、**注目ほめ習慣①の「アイコンタクト＋笑顔」が重要**。先生と目が合ってニコッとしてもらえるだけで、子どもはウキウキしてうれしくなる。それを目指して、まず**親子のアイコンタクトから強化**していきます（P.078）。

先生の表情がピリッ!

命令・否定的な声かけで子どもに圧をかける園だと…

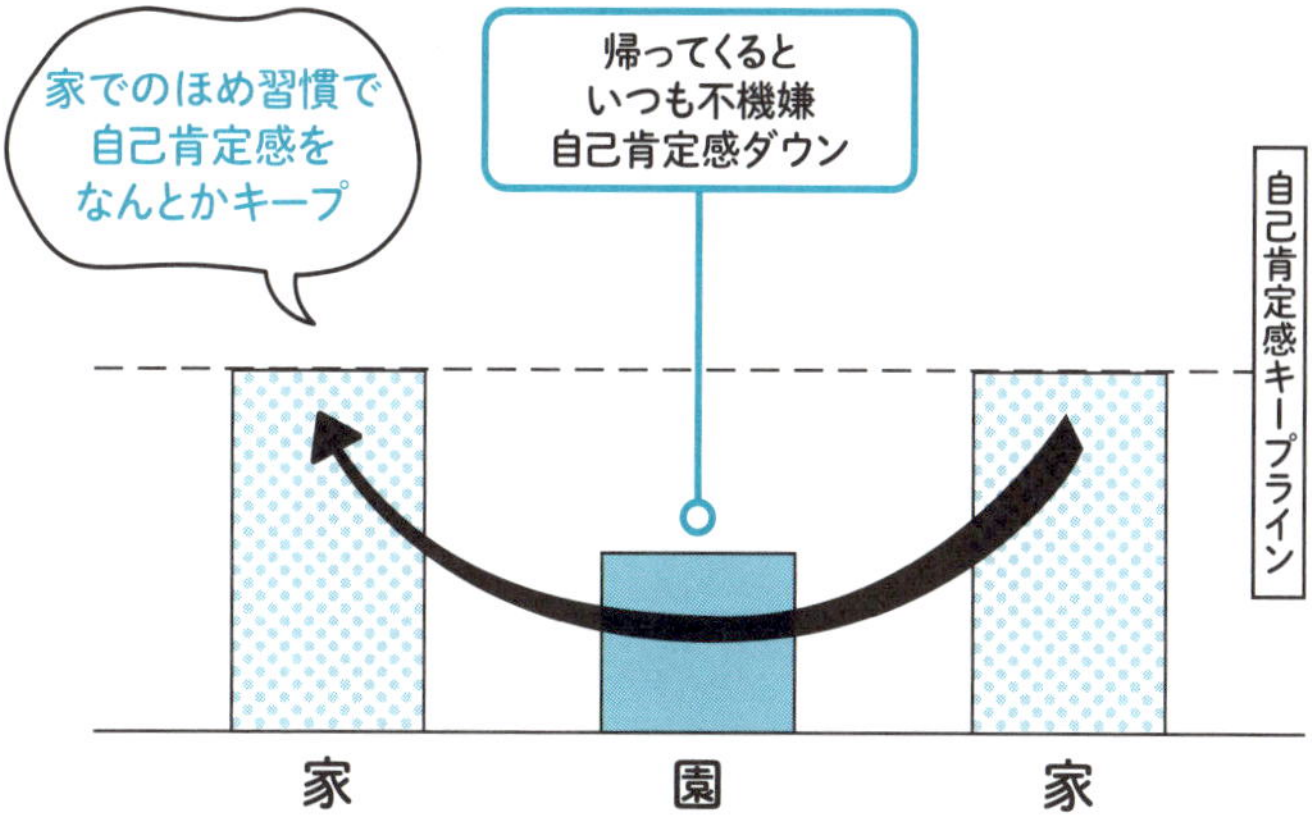

先生の笑顔がキラキラ!

肯定的な声かけでほめて伸ばしてもらえる園だと…

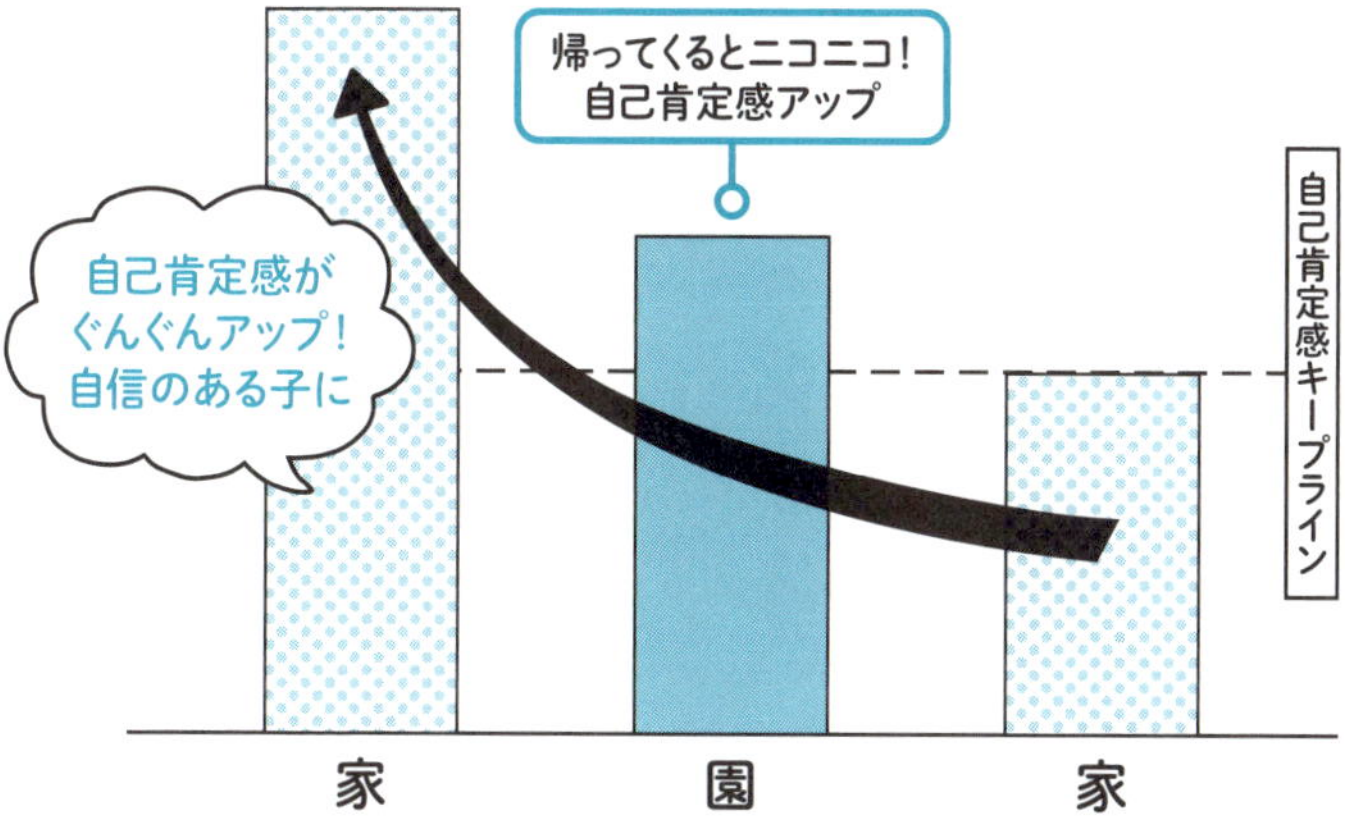

その1

子どもの〝行動〟を見て肯定的な注目を与える

普段、あなたは子どもにどんな表情で声かけをしているでしょうか。

「かんしゃくをよく起こす困った子だ」「こだわりが強いのは発達特性があるからだ」そんなふうに心の中で思っていると、〝困り顔〟か〝怒り顔〟の表情に。いくらほめ言葉のテクニックを使っても子どもはその言葉を信じられません。反抗的になり、親の言うことを聞きたくなくなります。

発達特性のある子の親向けのプログラム（ペアレント・プログラムなど）は、子どもの特性や性格ではなく、〝行動〟をポジティブな視線で見る、肯定的な注目＝ほめることが基本。「眠くてお腹が空いていたから、イライラしてかんしゃくを起こしたのかも」

「同じことにこだわりたいのは不安だからかな」と行動の理由を考えてみましょう。

すると、「子どもは親を困らせたいわけではなく、きっかけ、原因があるんだ」と気づき、子どもと向き合うときの表情や声かけにもゆとりが出てやさしくなっていくのです。

否定

特性や性格のせいにする

- かんしゃくをよく起こす〝困った子〟だ
- こだわり行動は、発達特性があるからだ
- 言葉が遅れているから理解できないだろう

肯定的

子どもの行動を見て分析

- かんしゃくにはきっかけ、原因があるはず
- こだわり行動は安心したいから？
- 指示をしてから動くまで時間がかかるけど、言葉を理解しているのね

その2

子どもの行動を3つに分類して わが子のいいところ探し

「うちの子って、ほめるところがあるの?」「親を困らせることばかりする」…そう思っていませんか? お子さんの行動を次の①〜③に分類して紙に書き出してください。

【①増やしたい行動】

普段、当たり前にできている行動こそ、注目ほめポイントになるところ!

例 朝、自分で起きてくる（自分で起きられたね）。ごはんをおいしそうに食べる（おいしそうに食べてくれてありがとう）。バイバイする（あいさつできたね）。

どんどん注目して、行動を声に出してあげると、好ましい行動が定着。子どもはほめられたとうれしくなり、親は「ほめなきゃ」のストレスが減ります。

【②減らしたい行動】

危険行為までいかない、困った行動。②と③を区別することで、「怒るほどのことって少ないんだ」と気づき、「叱る前に環境を整えよう」「手本を見せて好ましい行動を教えよう」と対応できます。

例 食事中に立ってオモチャのところに行く（食卓から見えない位置にオモチャを置こう）。オモチャを箱に投げる（そっとオモチャを戻す力加減のお手本を見せて教えよう）。

いちいち叱らなくてもいいように、まず環境の見直しを！好ましい行動を具体的に説明し、できたらほめて成功体験に。

【③やめさせたい行動】

人や自分を傷つける（ケガをさせること、暴言）、物をこわす、道路での飛び出しなどの危険行為。この行動をしたときはきちんと叱り、怒っても仕方ありません（ただし、子どもの人格を否定せず行動を注意）。

例 道路で飛び出したら「危ないので飛び出しません、絶対に」とはっきりとした口調で伝える。普段から横断歩道の手前で止まるルールを何度も伝えて練習。

危険行為をしたとき、止めるためには怖い声になってしまっても仕方ない。普段から、子どもにやってほしい行動を説明。出かける前に予告して約束→ガマンできたらほめる、という流れでやめさせたい行動を減らしていく。

その3

コミュニケーションの発達段階に応じた「注目するほめ方」「注目しない叱り方」をする

この本の最初の「コミュニケーションの発達段階のチェック表」を確認し、お子さんの〝今〟の段階に合う「アイコンタクト」「注目するほめ方」「注目しない叱り方」のコツを押さえておきましょう。

種まき期〜

めばえ期

アイコンタクト+笑顔

- 子どもと目が合ったら、口角を上げて目を細め満面の笑みに！　大げさでOK！

注目するほめ方

- 注目していること、「きみを見ているよ」と伝わるようにできるだけ視界に入る。
- 「ほめ言葉＋ジェスチャー、スキンシップ」をセットにして、子どもがほめられていることを実感しやすくする。子ども番組のお姉さん、お兄さんを演じるようにニコニコ顔で大げさにほめ言葉を添えてあげる。
- 言葉だけでほめていることが伝わらない場合は、子どもの好きなおやつ、遊びをごほうびにすることもOK（オモチャなどの物ではなく、食べたりして形に残らないものが〇）。すくすく期に進んだら、少しずつほめ言葉のみに。

注目しない叱り方

- この時期は最初から言葉で説得しようとしない。その行動に注目をしないことで困った行動を減らせるか試してみて。
- まず、環境を整え、その行動の予防を。手本を見せて教えながら叱らずに済むように工夫。
- 言葉だけでは伝わりにくいので、「言葉＋視覚情報」（イラスト、写真、絵本、動画など）をセットにして好ましい行動を少しずつ教える。

すくすく期〜つぼみ期

アイコンタクト+笑顔

- 普段、何気ないときも子どもと目が合ったらニコッと笑顔を意識。

注目するほめ方

- 「すごい！」「上手！」と感心する言葉だけではなく、子どもの行動、経過を見て具体的にほめる。
- 「ありがとう」の感謝や「大好きだよ！」と存在を認める言葉をどんどん使う。

注目しない叱り方

- 言葉での説得を試みるが、「してはダメなこと」よりも「してほしいこと」を説明するようにする。
- 環境を整えたり、手本を見せながら教えたりして叱らずに済むように工夫。
- 注意引きをともなう困った行動に対し、あえて子どものほうを見ないで淡々と「してほしい」行動を伝える。子どもが行動を変えたら注目し、必要なら大げさにほめる。
- 親子の遊び、やりとりを通して、社会のルール、友だちと遊ぶときにどうふるまえばいいのか教える。

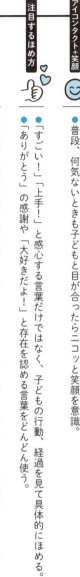

その4

子どもの気持ちには寄り添い困った行動には寄り添いすぎない

子どもが社会で生きていくには、「好きなことを自由に楽しむとき」と「ちょっとがんばってルールを守るとき」のメリハリ力も伸ばしていかなければいけません。

私の長男が言葉の遅れと集団適応の弱さから4歳で発達支援を受けはじめたときは、すでに怒らないで自己肯定感を上げる子育てを実践していました。

できることは増えていましたが、母子分離すると「着替えない」「片づけない」「立ち歩く」「食べない」…と自由奔放。それでも、レッスンを担当くださった友人で公認心理師のりさ先生は、長男が「やりたくない！」と泣いても「できる」と信じて声かけし、ニコニコの笑顔で待ち信頼関係をつくっていく、〝リーダーシップ〟のある接し方をしてくれました。私はそれを目の当たりにし、長男が泣くと「かわいそうだから」とついルールをゆるめ本人のしたいことを優先して、「怒らない＝甘やかし」の育児になっていたことを反省しました。

アメリカで研究された親子関係を回復させる心理療法にＰＣＩＴ（親子相互交流療法）

というものがあります。PCIT が目指す子育てスタイルは、子どもの気持ちには寄り添い、困った行動は寄り添わず支援をする**〝リーダーシップのある親〟です。子どもの自己肯定する力や社会的スキルを育てる**とされています。

PCITエッセンス

あなたの子育てスタイルはどれ？

4つのペアレンティング・スタイル

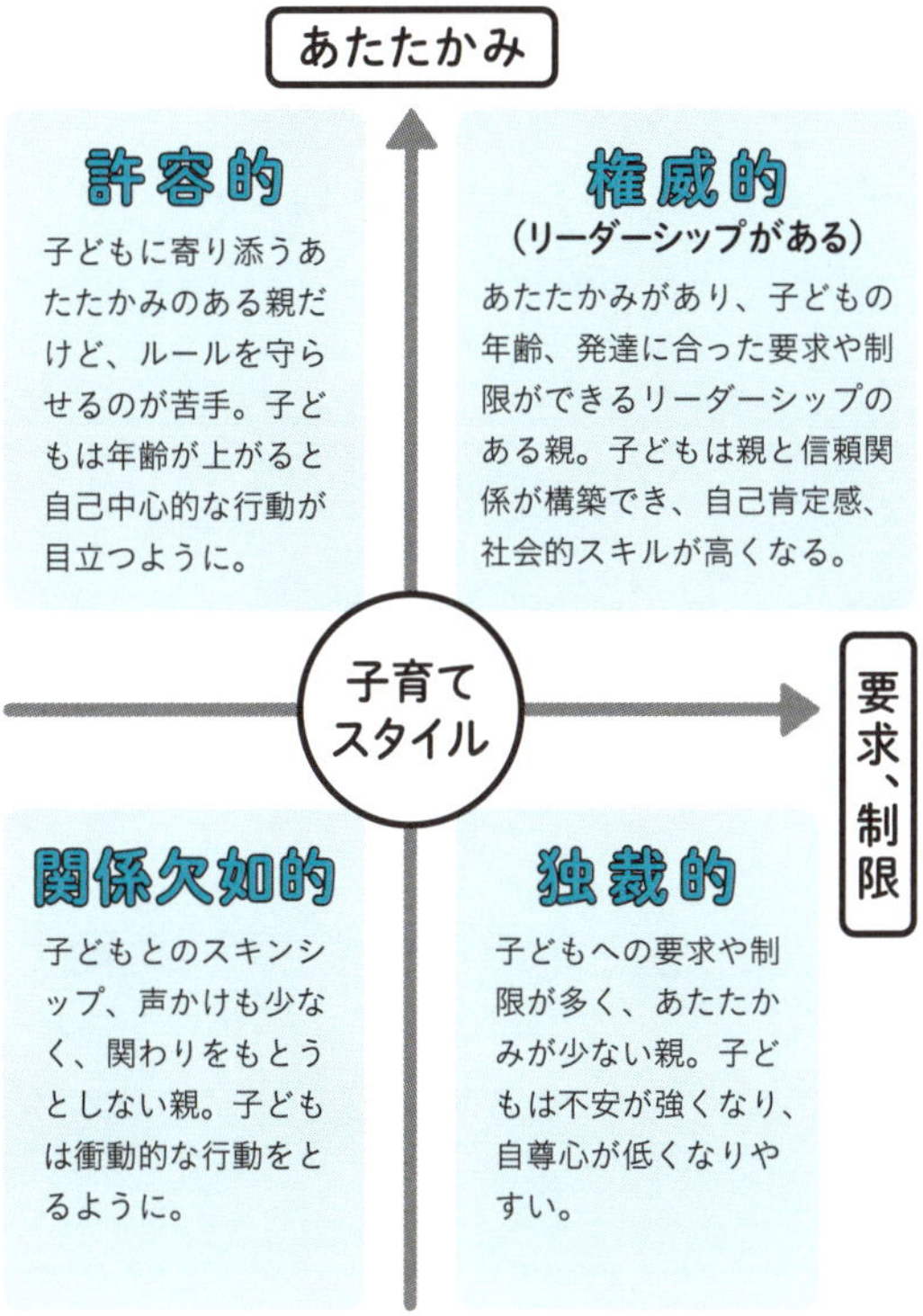
あたたかみ
許容的
子どもに寄り添うあたたかみのある親だけど、ルールを守らせるのが苦手。子どもは年齢が上がると自己中心的な行動が目立つように。
権威的
（リーダーシップがある）
あたたかみがあり、子どもの年齢、発達に合った要求や制限ができるリーダーシップのある親。子どもは親と信頼関係が構築でき、自己肯定感、社会的スキルが高くなる。
子育てスタイル
要求、制限
関係欠如的
子どもとのスキンシップ、声かけも少なく、関わりをもとうとしない親。子どもは衝動的な行動をとるように。
独裁的
子どもへの要求や制限が多く、あたたかみが少ない親。子どもは不安が強くなり、自尊心が低くなりやすい。

アメリカの発達心理学者ダイアナ・バウムリンドが研究した概念をもとにした、PCITでも紹介されるペアレンティング・スタイルの分類。それぞれの子育てスタイルと子どもの将来の関連性を示しています。

出典／『1日5分！　PCITから学ぶ0〜3歳の心の育て方』、『1日5分で親子関係が変わる！　育児が楽になる！　PCITから学ぶ子育て』（ともに小学館）

実は
多い!?

許容的な親

▼

子どもが泣くと「かわいそうだから」と甘やかしてしまう

例えば…

- 泣かれると小さなオモチャ、お菓子を買う
- 偏食だからと食べられる物だけ食卓に出す
- テレビを消すのをイヤがったら「あとちょっとね」と折れる

一見、「子どもに寄り添っているいい親」ですが、子どもの困った行動にまで寄り添いすぎてルールがあいまいになっています。子どもは「泣けば親が言うことを聞く」ことを学び、いつの間にか子どもに主導権を取られる親子関係に。子どもは小さいうちはのびのびと育ちますが、徐々に自己中心的、反抗的になりやすいとされます。

目指したいのは!

権威的な親
（リーダーシップがある）

▼

子どもが泣いたら
気持ちに寄り添い、でもルールは守る

例えば…

- 事前に「今日はオモチャを買わないよ」と約束。お店で泣いても約束は守る
➡P.184へ
- 苦手な食べ物も少しずつチャレンジさせる
➡P.208へ
- テレビの時間を決めて、消すのをイヤがっても「明日見ようね」と折れない

オモチャほしいのね
でも今日は買わないって約束したよ

普段は子どもの気持ちを尊重し、ルールを守るべきシーンではたとえ泣いても曲げません。がんばれたときはニコニコの笑顔でほめます。子どもは、ちょっとガマンするとほめられる成功体験を重ね、親を信頼し、社会的スキルを覚えたり、自由とルールを守るときのメリハリ力がアップ。感情のコントロールも上手になります。

基礎づくり

注目ほめ習慣

1

アイコンタクト＋笑顔

いきなりですが、質問です。
今日、わが子の目を見て笑いましたか?
何か声かけ(指示)をするとき、
お子さんはママ、パパの目を見てくれますか?
「どうだったっけ…?」と思う方が多いはず。
子どもと目を合わせるアイコンタクトは、
意識しないとなかなかできないのです。
発達特性のある子のための最新のプログラムでは、
「目・視線を合わせること(アイコンタクト)」が
重要視されています。
アイコンタクトの力を伸ばしていくと、
ほめ言葉が"ごほうび"として伝わりやすくなり、
声かけ(指示)でスムーズに動いてくれるように!

注目ほめ習慣①として、
まずは「アイコンタクト+笑顔」から
はじめていきましょう。

「子どもと目が合ったらニコッ！」は言葉を使わない最高の注目ほめ習慣

目が合ったときに、ママ、パパがニコッと笑ってくれた！

ただそれだけで、子どもは「ママ、パパは自分のことが好きなんだ」と喜びを感じます。人は、好きな相手と目が合うことで注目されたと気づきうれしくなるものです。

例えば、学生時代、好きな人と目が合って笑ってくれたとき、ライブで推しのアイドルと目が合い笑顔を向けてくれたとき…ふふ、想像しただけでうれしくなりますよね。

子どもと目が合ったら意識的に口角を上げる「アイコンタクト＋笑顔」を習慣にすると、子どもは**「ママ、パパの目を見る＝うれしい」**となり、人の目を見てコミュニケーションをとる習慣の種まきになります。子どもと目を合わせて笑顔でほめ言葉をかけるようにすれば、〝ごほうび〟としてうれしさが倍増。**「大好きなママ、パパの言うことを聞いてがんばってみよう」**という素直さが育まれていくのです。

アイコンタクト+笑顔は
コミュニケーション力の種まき

ママ、パパの目を見ると
笑ってくれた!

↓

なんか、**目を見ると**
うれしいかも! ウキウキ♪

↓

ママ、パパは特別な存在。
もっとたくさん見てほしい!

↓

人の目を見て
コミュニケーションを
とる習慣に!

特性のある子は目を見るのが〝苦手〟。だけど経験して〝慣れる〟ことができる！

初対面の人に、突然目をじっと見られたら緊張するように、ＡＳＤタイプの子は、人の目を見ることが苦手な傾向があります。人の目は動いたり、まばたきをしたり常に変化するので、視覚情報のアンテナが強くて感受性豊かな子は、目を見ると緊張して疲れやすいようです。また、ＡＤＨＤタイプの子は、人の目を見ることには抵抗がなくても好奇心アンテナの矢印がいろいろな方向に向いているので、気になるものが目に入ると視線がそれやすく、表情に注目できないことがあります。

ＡＳＤの特性について「感情が理解できない」「空気が読めない」なんてネガティブな表現をされることもありますが、**人の目を見ることが苦手だからこそ、感情の理解、空気を読むことが苦手**なのです。でも、「苦手だからできない」とあきらめないでくださいね。

ＡＳＤの特性の強いお子さんでも、**親子のアイコンタクトで「目を合わせる＋うれしい」という経験を積めば、人の目をチラッとでも見ることに〝慣れる〟**ことができます。

ASDタイプの子（傾向含む）

人の目を見ると緊張しやすい

↓

目や口元、表情を
見る機会が少なく、
言葉が遅れたり、
感情を読む力が育ちにくい

ADHDタイプの子（傾向含む）

好奇心アンテナで
視線がいろいろな方向を向く

↓

視線がそれやすいため
表情に注目できなかったり、
指示を聞き逃したりしやすい

だからこそ

「アイコンタクト+笑顔」の習慣で
「目を合わせる+うれしい」という
感覚をセットで経験させよう！

「アイコンタクト＋笑顔」の種まきから伸びる力

おしゃべりの力

人の目を見るのが苦手な特性をもつ子、コロナ禍で口元が隠れるマスク生活になってから生まれた子たちの中には、言葉がゆっくり伸びる子がいるようです（わが家の末っ子もそうでした）。言葉は聞くだけではなく、相手の表情、口元の動きもセットで見て理解し、発語につながっていくのです。目を合わせる習慣を強化すれば、相手の表情、口元の動きを見る機会が増え、おしゃべりの力も少しずつ伸びていきます。

感情理解の力

「目は口ほどに物を言う」ということわざがありますが、目を見ると相手が今どんな気持ちなのかが伝わって、感情の理解・共有ができるようになります。「空気を読まない発言」「一方的にしゃべり続けてしまう」のは、相手の目、表情を見ていないから。わが家の長男も好きなことを一方的に話し続ける時期がありましたが、私の目を見るまで待ち「相手の表情を見ながら話そうね」と伝えて、理解力を伸ばしました。

●視線を追う力

親子の目が合う習慣がついてくると、お子さんはママのほうを見たときに「大好きなママが何か見て指さしているぞ」と気づき、その視線の先を追えるようになります。このような、いっしょに同じものを見る共同注意・三項関係の成立は、人と情報、感情を共有する楽しさを経験するコミュニケーションの発達の大きな一歩！　相手の目線を追うことで状況を理解する力にもつながっていきます。

三項関係の成立

同じものを見る

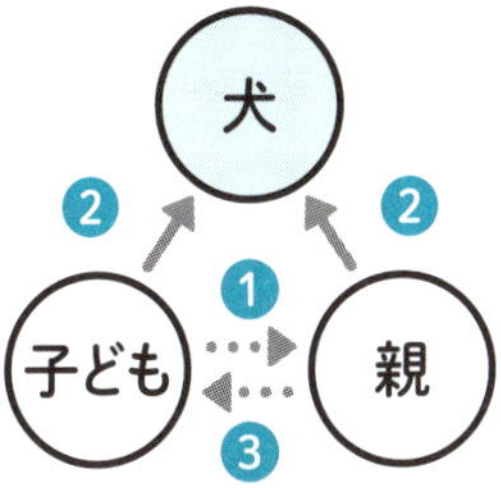

例えば…

1
子どもがママを見て
「あっ、大好きなママが何か見て指さしているぞ」

2
犬を親子でいっしょに見る

3
ママ
「白いワンちゃん、かわいいね！」

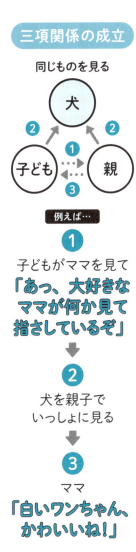

●模倣（マネ）する力

模倣する力は、相手に注目する（注意を向ける）力から伸びていきます。ママが「バイバイ」と手を振ったら、子どももマネしてバイバイする。「はーい！」と手を挙げたら、子どもも手を挙げる…そんな動きを模倣（マネ）できることも、コミュニケーションが上達しているということ。相手の言葉をそのまま返す「オウム返し」も、言葉の模倣ができるようになったということなのです（P.167）。

●安心する力

人見知り、場所見知りで泣いてしまうのは、周りを見て「いつもと違う」と気づいて不安だから。そんなときに備えて日頃からママ、パパの目を見て安心する経験をたくさん積んでおきましょう。知らない人に会ったり、新しい場所に行ったりして緊張したとき、ふとママ、パパのほうを見ると「大丈夫」と笑っている。信頼している「ママ、パパが笑顔なら、ここはきっと大丈夫」と安心できるようになっていきます。

指示を理解する力

子どもと目を合わせず後ろから「着替えようね」と声をかけたときと、視界に入って目を合わせてから同じように声かけをしたときで反応の違いを確かめてみてください。目を合わせてから指示を出したほうが、反応がいいはず。親子で目を合わせてからやりとりする習慣は、やがて子どもが集団生活（保育園、幼稚園、小学校など）で先生に注目し、一斉指示を理解して動く力にもつながっていきます。

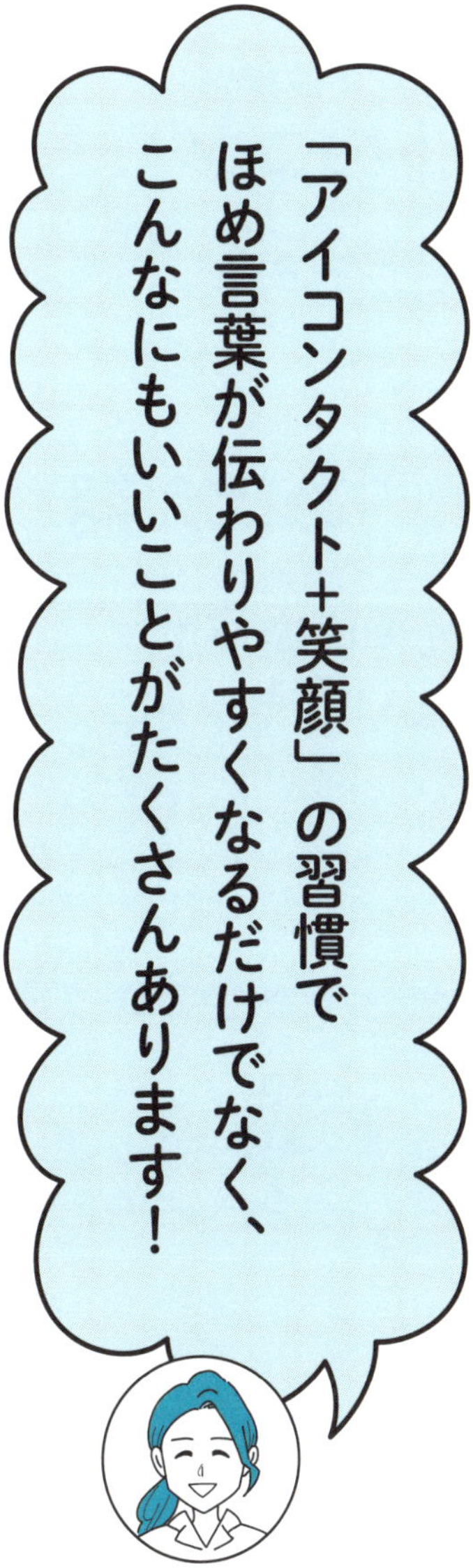
「アイコンタクト+笑顔」の習慣で
ほめ言葉が伝わりやすくなるだけでなく、
こんなにもいいことがたくさんあります！

実践法

▼

コミュニケーションの発達段階別
アイコンタクトのコツ

お子さんの今のコミュニケーションの
発達段階をチェック（本の最初のシート）。
段階に合ったアイコンタクトを強化する方法を参考にしてください。

種まき期〜  めばえ期

スキンシップ、ふれ合い遊びで
アイコンタクトと楽しい♪をセットに

スキンシップやふれ合い遊びを通してアイコンタクトのチャンスを狙います。目の合いにくいお子さんも、「楽しい♪」と気持ちが高まったときは、目が合いやすくなります。子どもの視界に入り、目が合う一瞬のチャンスを逃さず、口角を上げて満面の笑みに！

例えば…

- オムツ替え、着替えなどで、わき腹をこちょこちょ〜♪
- すべり台をすべったら、子どもの目線に合わせて待ち構えてタッチ！
- 手をつないでいっしょにジャンプ（トランポリンなど）
- トンネルの遊具の出口で待って目を合わせる
- タオルやカーテンに隠れて、いないいない〜ばぁ！
- 子どもをひざにのせて向かい合い、ぎっこんばったん遊び

子どもの手をママ、パパのこめかみにもってくる

お子さんの左右の手を握り、大人のこめかみのあたりにもってくると、目が合いやすくなります。そのとき、ニコニコの笑顔でお子さんと目を合わせれば、心がつながった感覚が得られるはず。慣れてくると、お子さんの手をにぎるだけで目が合うように。

クレーンの要求はおとぼけママを演じて目が合ってから応じる

ママやパパの手を引っ張り、その手をまるでクレーンのように使って物を取らせる行動がクレーン現象。これをアイコンタクトの練習に利用してしまいましょう。①子どもが何を欲しがっているかわかっていても、あえて、「ん～何かして欲しいのかな？」ととぼけて、目を合わせて訴えてくるまで待ちます（泣くかもしれませんが、がんばって！）。②目が少しでも合ったらすぐに反応して欲しがった物を取ってあげましょう。それを繰り返すことで、「欲しいものがあるときは相手の目を見てお願いすればいい」と学んでいきます。

すくすく期～つぼみ期

料理中、公園…親と離れて遊んでいるときに目が合ったらニコッ！

ママ見てくれてる

キッチンで夕食の準備中、リビングで遊んでいる子どもはママのほうをチラチラ見ていたりします（大好きだから）。そんなとき、子どもと目が合ったらニコッと笑う。それだけで、子どもは「ママが私を見てくれた」とウキウキ♪の気分に。
ほかにも、公園で遊びを見守っているとき、「早く帰りたいな～」と思いつつも、目が合ったら笑顔で手を振ってあげて。そうすると、帰るときの切り替えがスムーズにできたりします（P.53）。
また、園の運動会、発表会など緊張する場でも、お子さんが保護者席にいるママ、パパを見たとき、満面の笑みを見せれば安心してくれますよ。

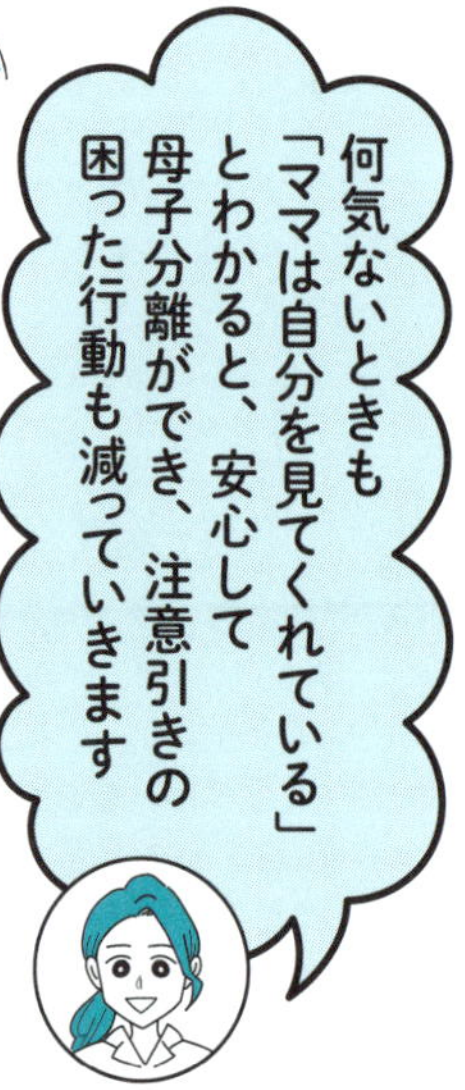
何気ないときも「ママは自分を見てくれている」とわかると、安心して母子分離ができ、注意引きの困った行動も減っていきます

先生や友だちと話すときに目を見ることを教えていく

相手の目を見て話を聞く、友だちとのちょっとしたやりとりなど「自然とできるようになるでしょ!?」と思っていると、なかなか身につかない場合も。「わからないならコツを教えていこう」と考え、親子のやりとり、遊びを通してお手本を見せながら社会のルールやコミュニケーションの方法を教えていきましょう。

例えば…

- お友だちの肩をやさしくトントンして「貸して」「遊ぼう」と言う
- あいさつするときは相手のほうを見る
- 話を聞くときは顔だけではなくおヘソ（体）も相手に向ける

注意点

- 「目を見て!」と無理強いしない。
- 親は指で自分の顔や目を指して強調しない
- 指示を出した後、無理に近づかず子どもから目を合わせてくるのをグッと待つ

基礎づくり

注目ほめ習慣

2

注目する ほめ方

「ほめる育児って、目新しくもないなぁ」と
思われるかもしれませんが、
この本でお伝えするほめ方は、
「すごい！」「上手～」と連呼する方法ではありません。
実は、ほめる表現は「言葉」だけではなく、
「アイコンタクト」「ジェスチャー」
「スキンシップ」も大事な要素。
効果的なほめ方も
コミュニケーションの発達段階によって変わってきます。
まだアイコンタクトの力が弱いお子さんに、
言葉だけでほめても伝わりにくいもの。
一方、言葉の理解が進んでいる子に
「すご～い！」「上手～」と
ワンパターンにほめているだけだと、
やっぱりほめる効果が落ちて、
「えっ、バカにしてるの？」とムッとさせたりすることも!?
では、どうやってほめていけばいいのか？
これからお伝えする「注目するほめ方」を実践すれば、
お子さんのニコッとした喜びの表情がたくさん見られます。
「私って、ほめ上手！」と
育児の自信をつけていきましょう。

「肯定的な注目＝注目してほめる」は子どもの脳にとってごほうび

子どもの自己肯定感を上げる方法、それは「肯定的な注目＝注目してほめる」です。

人間は、**ほめられたり感謝されたりといった心地よい刺激や行動があると、脳の報酬系回路と呼ばれる部位が活性化され、快感をもたらすドーパミンの分泌を増やします。「ほめられる」ことは、子どもにとって「ごほうび（報酬）」**なのです。

「声かけしても、切り替えが苦手でなかなか動いてくれない」というお悩みをもつママ、パパは多いと思います。次のページのように、子どもと目を合わせて小さな指示を出し、行動したらすぐほめる習慣をつけてみてください。

その経験を毎日の生活でコツコツ積み重ねていくと子どもは「ちょっとめんどうなことをがんばってやると、ほめてもらえる」「ママ、パパの言うことを聞いてがんばると、いいことがある！」と学んでくれます。そして声かけでスムーズに動いてくれるようになり、子育てがラクになっていきます。

親が
小さな指示を出す

例「かっこよく座れる人～?」(食事中の立ち歩き)

↓

子どもが行動

例 子どもが「は～い」と座る

↓

目を合わせて
笑顔でほめる

例「かっこよく座れたね!」

ちょっとめんどうなこと、苦手なことも
がんばってするとほめられる!
うれしい!

「がんばるといいことがありそう」と
学習して、指示が伝わりやすくなる!

ほめ方は言葉だけじゃない！肯定的な注目とは

ほめ方は「ほめ言葉」だけでなく、次の「アイコンタクト＋笑顔」「ジェスチャー」「スキンシップ」をシーンに応じて使い分けると、ほめられたことが〝ごほうび〟として実感しやすくなります。

【ほめ方の種類】

●アイコンタクト＋笑顔

背後からではなく、必ず子どもの視界に入り（正面）、目が合ってから笑顔でほめ言葉をかけるのが大事なポイント。ニコニコ顔の表情からも「きみのがんばりを認めているよ」と伝わって子どもの喜びがアップします。

●ジェスチャー

苦手なものを食べられたとき、着替えを自分で一生懸命やったとき、トイレへ嫌々ながらも行ってくれたとき…子どもが何かをがんばったら、ジェスチャーも使ってきちんと表現すると、「ママ、パパががんばりを認めてくれた！」と伝わります。

例えば…　パチパチと拍手をする、バンザイする、手のOKポーズ、GOODポーズ、（遠くから）手を振る、（ありがとうと言いながら）頭をペコリ、など。

●スキンシップ

ほめ言葉だけだと、自分がほめられていることが実感しにくい「種まき期〜めばえ期」の子どもには、ニコニコの笑顔＋ほめ言葉＋スキンシップをセットにすると「うれしい！」気持ちが高まります。

例えば…　タッチ、ハイタッチ（子どもからパチン！とタッチさせる）、わき腹こちょこちょ〜、頭をよしよし、背中にふれる・軽くトントン、ぎゅっと抱きしめる、など。

●ほめ言葉

「すごい」「上手」「できたね」だけではなく、経過をナレーションする、感謝するなど、ほめ言葉にはバリエーションがあります。次のページからのほめ方を参考にしてください。

ほめ言葉とスキンシップ、ジェスチャーをセットにする

ほめ言葉をかけたのに、子どもが表情を変えずスンとしていて、「ほめたのに伝わっていない？」と思うことはありませんか。言葉の理解がこれから進む小さな子どもは、言葉だけでほめても伝わりにくいのです。

「がんばりを認めてくれた」「ほめられてうれしい！」と、子どもが喜びを実感できるようにするには、ニコニコの笑顔とほめ言葉、スキンシップやジェスチャーをセットにするのが効果的です。

●イチ押しは、ほめ言葉＋タッチ！

例えば、くつがはけたら、親が「はけたね！　タッチしよう」と子どもの目を見てニ

コニコの笑顔で言い、タッチの受け身のポーズで構えます。**子どもに親の手のひらを、パチン！と音が出るぐらいの強さでたたかせてみて**ください。その瞬間、子どもからニヤッと少しでも笑顔が出たらほめ成功！

ちょっとがんばったことは「できた！」と軽めの片手タッチ、子どもがとってもがんばってやり遂げたときは「イェ～イ！」とテンション高めに両手タッチ、ハイタッチなど使い分けてもいいですね。

- **ほめ言葉＋パチパチと拍手、GOODポーズ、などのジェスチャー**
- **ほめ言葉＋頭をよしよし、背中にふれる、ぎゅっと抱きしめるなどのスキンシップ**

ほっぺにチューをするなどスキンシップ過剰だと子どもがお友だちにマネをすることがあるのでご注意を。習慣化しやすいのはタッチです。

経過に注目してナレーションする

「ほめる」というと、最後まで待って「結果」が出てから「できたね！」と声をかけるというイメージではないでしょうか。1日30～50回のほめ習慣をおすすめしましたが、「取り組んでいる経過」をそのままナレーション（実況中継）すると、肯定的に注目している（＝ほめる）ことになり、ほめる回数を増やせます。

●「○○したね」「○○しているね」も行動を認める言葉

例えば、電車で大きな声を出さずに座っていてほしいとき。事前に、「電車の中ではかっこよく座ろうね」「おしゃべりするときはアリさんの声だよ」「降りたら、○○（子どもの好きなおやつ）を食べようか」などと約束しておきます（前日とお出かけ前と乗車前）。

そして、電車に乗って約束通りに座れたら、「かっこよく座れているね」「その調子だよ！」「ママ、約束を守ってくれてうれしいなぁ」と30秒～数分ごとにこまめに声をかけるようにして、がんばりを認めます。

途中で、立ち歩きをしてがっかりするかもしれませんが、いきなり100%できるようにならないので、25%でもできたら、それを認めて練習を重ねていきます。場合によっては途中でおやつを少しあげて、最後まで座り続ける練習もありです。

経過に注目してナレーションする声かけは、くつをはく（P.106）、着替え（P.108）の例も参考に。日常のルーティーンの中に、たくさんのほめるチャンスがあります。とはいえ、「そうそう、いいよ、いいよ～」とシャワーのように声かけするとうるさくなってしまう場合があるので、行動の節目を意識してメリハリをつけると◎。

かっこよく座れているね！
小さい声でおしゃべりできているね。
そうそう！　その調子！

小さなお手伝いをお願いして感謝する

普段、大人に指示をされて動くことの多い子どもにとって、「大人と同じことができた！」という達成感は大きな自信になります。親が何でもやらず、小さなお手伝いをお願いして、「ありがとう」「助かったよ」と感謝の気持ちを言葉にすれば、子どもの成功体験が増えて自己肯定感がぐんぐんアップ！

「ママ、パパはとってもうれしいなぁ」ときちんと伝えると、子どもは「大好きなママ、パパの役に立てた！」と喜びを感じてくれます。

もしも、下にきょうだいが生まれて、上の子の親への注意引きの困った行動が増えている場合、「オムツを取ってきてくれるかな」「トイレに行ってくるから、ちょっとだけ○○（下の子）を見ていてほしいな」とお手伝いをお願いして、「ありがとう〜！　ママ、助かったよ」と満面の笑みで思いっきりほめてみてください。下の子のお世話を手伝うとママが注目してくれる、喜んでくれると気づけると、注意引き行動が減っていきます。

小さなお手伝いの例

ゴミ箱にゴミを捨てる、物を取ってくる、照明を消す、テーブルをふく、飲み終わった食器やコップをキッチンまで持ってくる、サラダの野菜をちぎる、洗濯物を干すとき洗濯バサミを取ってもらう、洗濯物をたたむ、買う物をカゴに入れる、レジに買う物を出す、駅の改札でICカードをタッチ、など。

コップを持ってきて欲しいな。
ありがとう〜！
パパ、助かったよ！
うれしいな！

保育園や幼稚園でのがんばりをねぎらう

自我が芽ばえた乳幼児期の子が、保育園、幼稚園の集団生活のルールに合わせるのは、たくさんのガマンとがんばりがいることです。だから、親が思う以上に疲れて帰ってきます。でも、**まだ「疲れた」「眠い」「お腹空いた」「ママに甘えたい」という気持ちを言葉でうまく表現できないので、グズグズしたりかんしゃくを起こしたりする**ことも。

お迎えのときや帰宅後にママが目を見てニコッとしてくれず、仕方ないとはいえ家事などやることに追われてついつい無表情でいると、子どもは、「たくさんがんばったのになぁ」とさびしくなって、反抗的になるものです。

ママもパパも夕方は疲れてクタクタですが、お迎えのときは親スイッチをオンにして(夕方のかんしゃくを防ぐためにも!)、お子さんの目を見て笑顔で腕を広げ、「今日もがんばったね!」と迎えてあげたいですね。

帰宅してからも夕食作りにきょうだいのお世話など、家事や育児はいつだって山盛りですが、5分でいいのでお子さんとスキンシップをとって思いっきり甘えさせる時間をつくってみてください。

「ママ、もういいよ!」と子どもがウザがるぐらい強めにぎゅ〜っと抱きしめたり、抱っこしてあげたりするのがコツ。そのほうが、夕方からのグズグズが落ち着いて家事がはかどることもあります(これは私の3人の子どもたちに共通した実体験です!)。

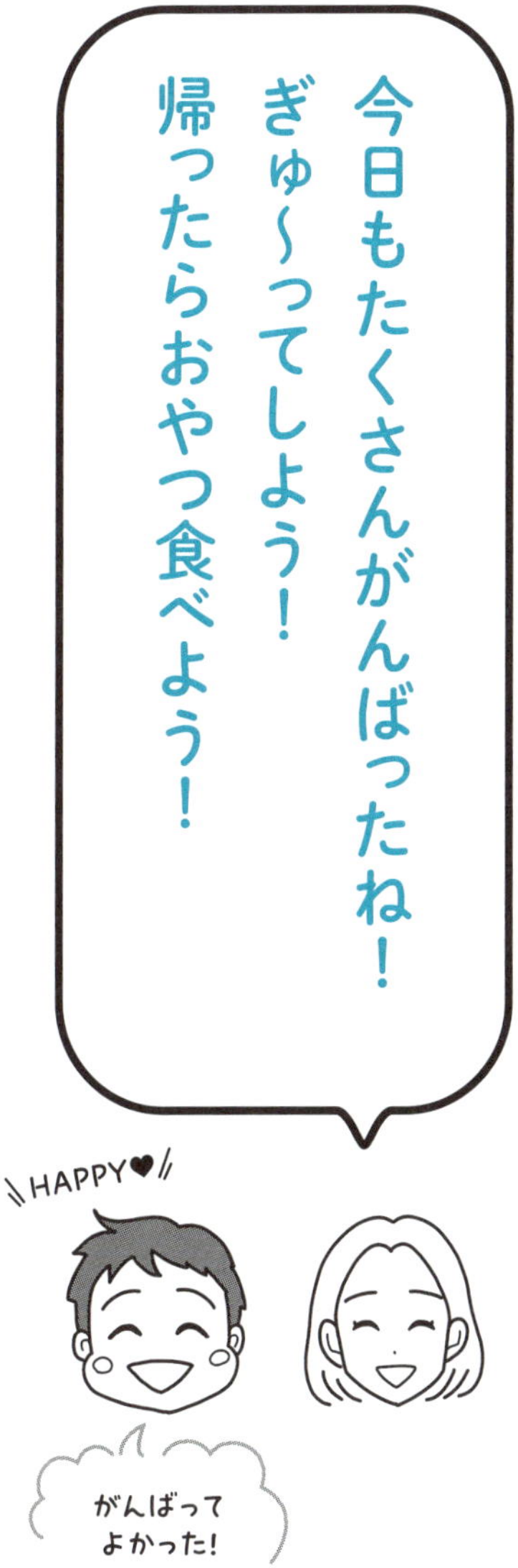
今日もたくさんがんばったね!
ぎゅ〜ってしよう!
帰ったらおやつ食べよう!
HAPPY
がんばって
よかった!

実践法

▼

子どもの自信・素直さを育む

生活シーン別のほめ方

登園前

くつをはく

小さな子にとって、くつをはくことは、着替えを覚えるより前に「自分でできた！」と自信を得られる機会。玄関で座る、左・右の足を靴に入れる…というスモールステップで声かけし、登園前の子どもの気持ちをのせていきます。くつをはけるようになったら「自分ではけたね！」と、自分でできたことを強調します。

①「玄関においで～」、（子どもが来たら）「来たね！」「くつ、どっちがいい？」（2択で選ばせる）「おっ、青いくつ選べたね」

「行くのヤダ！」で玄関まで来ないときは…

- 登園のお守りを選ばせる（ぬいぐるみ、クルマや電車のオモチャ、ヒーローフィギュアなど。園に着いたら渡す約束をして）
- カギをいっしょに閉める、エレベーターのボタンを押す、荷物を持つなどのお手伝いをお願いしてやる気アップ！

② くつをはくとき、スモールステップで声かけ（次ページ参照）

③ 最後に玄関で「できた！」のタッチをして切り替え、出発！

登園前

くつをはくときのほめ方例

気持ちを切り替えて玄関に来たのはすごいこと!

まだ自分でくつがはけない子は親が手伝いながら声かけしてOK
(子どもの後ろからが◎)

最後のテープは子どもに留めさせ「できた!」ことに

子どもにタッチさせニヤッとしたらほめ成功!

登園前

着替え

登園前の子どもは甘えたいモードで着替えを自分でやろうとしないことも。ママがイライラするぐらいなら、手伝いながら“できた風”に声かけしてＯＫ。着替えを子どもの好きなごっこ遊びにすると、ニコニコの笑顔が出てきます（ひと手間かかるので少々めんどうですが、朝のグズグズが長引くより結果的にラク！）。あとで夜や休日など余裕があるときにひとりで着替えができるよう練習をします。

1 「お着替えしましょう〜」、（子どもが来たら）「来てくれたね」

「着替えヤダ！」と抵抗、声かけスルーのときは…

- すかさず服を2択で選ばせる「どっちを着る?」「選べたね」
- 着替えを子どもの好きなことのごっこ遊びに（次ページ参照。クルマ、電車のトンネル、プリンセスにおめかし、ヒーローに変身など）

2 着替えを手伝いながらスモールステップで声かけ「ポン！　頭が出た！」「右腕、通った!!」「ズボンはけたね」

3 最後に「お着替えできた！」（鏡の前でポーズ）

（種まき期〜めばえ期の子ならタッチや拍手をしても。全介助でも着替えたら「いっしょに着替えられたね」と声をかければOK）

登園前

着替えのほめ方例

着替え=ヤダ！なら
子どもの好きなことの
遊びにしてしまう

服の頭、腕、
脚の通り道を
トンネルに
見立てて声かけ

ボタンを留めるのが
まだできない子は
親が穴にボタンを入れ
最後のひと押しを
子どもにやらせる
（子どもの後ろに立って
手を伸ばして手伝う）

子どもが
ニコニコしたら
「私って
子育て上手！」と
自分もほめて！

はじめての

トイトレ

ずっとオムツで排泄していた子が「トイレに座る」のは大きな変化で不安を感じること。トイレまで行けた、座れただけでも、ほめ言葉＋ジェスチャーなどでほめてがんばりを認めます。

① 「トイレに行こう」 (トイレまで行けたら)「トイレに来られたね!」

「トイレに行くのヤダ!」のときは…

- トイレに子どもの好きなキャラクターのポスターを貼り、「〇〇マン、見に行こう!」などと誘う
- 座れたら「シールを貼ろう」「いっしょに〇〇で遊ぼう」と子どもの好きなことをごほうびに

② トイレに座れたら「おお、座れた～!」と大げさに反応する (おしっこが出なくてもほめる)

最難関(!?)のトイレでウンチは…

トイレでウンチをするのは、かなり勇気がいること。トイレで排便できたときだけ遊べるスペシャルなオモチャを用意したり、特別に動画タイムをつくったりしても。「トイレでウンチをすると、いいことがある!」とやる気を引き出します。

「上手〜!」「すごい!」だけじゃない

4〜6歳向け

具体的なほめ方フレーズ集

幼児期になって物事の理解が進むと、
「上手」「すごい」という漠然としたほめ言葉より、行動したことを言葉にしてあげ、
具体的にほめた方が子どもが喜んでくれます。

食事

- 「スプーンを正しく持てているよ」
- 「給食の野菜、がんばって食べたんだね」
- 「お皿ピカピカ!!」 ●「よくかんで食べているね」
- 「おいしそうに食べてくれて、ママうれしいな」

絵本

- 「〇〇を見つけたね。細かいところもよく見ているね」
- 「どれが食べたい? 〇〇が好きなんだね」
- 「新幹線が好きなんだ。かっこいいな」

絵・工作

- 「いろんな色を使えたね」 ●「ここの赤がステキだね」
- 「画用紙いっぱいに大きく描けたね」 ●「グイグイ力強い線だね」
- 「グッドアイデアだね!」 ●「おうちに飾っておこう」

きょうだい関係

- 「ママ、パパは〇〇（子どもの名前）が大好き」
- 「オムツを取ってきてくれてありがとう。ママ、助かるな〜」
- 「△△（下の子の名前）と遊んでくれてありがとう」

園生活

【日常】
- 「今日も1日、がんばったね」
- 「（連絡帳をいっしょに読んで）今日は〇〇で遊んだんだ」
- 「帰って〇〇（子どもの名前）が好きなおやつ食べよう」
- 「おつかれさま。夕飯は〇〇と△△、どっちが食べたい? 選んでいいよ」

【行事（運動会、発表会、参観日など）】
- 「名前を呼ばれてお返事できていたね」
（声を出さず、はーいと手を挙げるだけでも）
- 「（運動会のかけっこで）最後まであきらめずに走れたね。
ママとパパは感動したよ」
- 「（お遊戯で）自分の場所に立てたね。
緊張したけど、がんばっていたのママ知ってるよ」

POINT 「〇〇くん、かっこよかったよ！」「かわいいね！」「えらかったね！」といった表現はたくさん使わないで。子どもの行動・状態をそのまま言葉にするだけでも、実はうまく伝わり効果があります。

基礎づくり

注目ほめ習慣

3

注目しない叱り方

「ほめ方」より、子どもの困った行動を
減らす方法を知りたくて、
この「叱り方」のページを
最初に開いた方もいるかもしれません。
イライラすることが多く、
子どもの目を見て笑顔になったり、
ほめ言葉をかける心の余裕がないママやパパも
いるのではないでしょうか。
叱り方の声かけのテクニックを知る前に、
次のページの「怒る」と「叱る」の違い、
怒りの感情の正体、
イラッとしたときの怒りの逃し方から
読み進めてください。
実は、子どもを変えようとするより、
親が変わって「怒り」の感情を
上手にコントロールするほうが、
困った行動を減らす近道!
感情的になって否定や脅す言葉を使わず、
肯定的な声かけができるようになります。

「叱る」と「怒る」の違いを何度も確認して感情コントロール

子どもは大人から怒られると最初は言うことを聞きますが、だんだん怒られることに慣れてしまうこともあります。そのため、「ダメな子ね」「置いていくよ!」「鬼が来るよ!」など否定や脅す言葉、さらには体罰に発展してしまうケースがあります。

「ダメな子ね」のような親の感情にまかせてつい出た言葉でも、子どもは本気で受け取って「自分はダメなんだ」「僕のことが嫌いなんだ」と傷つき自己肯定感が下がります。怒られ続けた子どもは自分を守るために反抗的になり、**「自分なんていないほうがいい」と自己を否定するようになるといいます。**

子どもの自己肯定感を保つには、「怒る」と「叱る」の違いを知りましょう。**私も冷静に叱ったつもりなのに長男が目に涙をじわっと浮かべたことがあり、「今のは怒っている表情だったのか」と反省した**ことがあります。人間なので怒りの感情をゼロにはできませんが「今のは〝叱る〟じゃなくて〝怒る〟だったな」と何度も確認してみましょう。

叱る

相手を思って冷静にルールや行動を教える

「もっと遊びたかったね。でも、ごはんの時間だよ」

「いっしょに片づけようか（お手本を見せながら）」

怒る

負の感情を自分のために発散している

「何で片づけないの？」

「言うことを聞かない子ね」

「イライラさせないで！」

「困らせたいの？」「鬼が来るよ！」

怒りはマイナスの感情が積み重なって表れるモンスター

「今日も怒っちゃった。ダメな親だ…」と、情けなくて、子どもの寝顔を見ながら涙が出てきた経験はないでしょうか。怒るきっかけは、子どもの困った行動かもしれませんが、背景には育児、家事、仕事に追われて自分の自由時間がないストレス、睡眠不足、体調不良、パートナーへの不満、親から厳しく育てられた経験などがあり、怒り、悲しみ、くやしさ、期待外れ…などのさまざまなマイナスの状況と感情が積み重なっているもの。それが、育児の中でイラッとした瞬間、「怒り」モンスターとなって表れるのです。

小児科医である私も、いつもニコニコでいられる完璧なママでは決してありません。疲れや睡眠不足、小さなイライラが重なり子どもたちを怒ってしまったことは何度もあり、「こんなママでごめんね」と謝ったこともあります。

子どもを怒って変えようとするより、まず怒りのモンスターの正体（原因）を探り、立ち向かうためにご自身の心と体の健康を保てる工夫をしてみてください。

子どもの困った行動にイラッ！として怒り爆発！

子どもの行動が“きっかけ”だけど、
そんなに怒るほどのことじゃない!?

原因を掘り下げると…

- ワンオペ育児で自分の時間が全然ない
- 睡眠不足、家事、仕事がたまっていて焦っている
- 家族（パートナー、親）との不仲
- 親から厳しくしつけられた経験
- 怒ってしつけるのが正しいという昭和時代の育児のすり込み

など

これに気づくことが大事！

怒ってしまうダメな親だと自分を責めなくていいんです

子どもに全て合わせず ときにはわがままになっていい

ママやパパの心に余裕がないと、子どもの目を見て笑顔になることも、ほめることもできないと思います。「子どもに寄り添って、いい親にならなければ」と、子どものことだけ考えてギリギリまでがんばり続けていませんか？　子どもに温かいごはんを食べさせて、自分は冷めた残りものを食べたり、寝かしつけ後、やっとできた自分時間で育児の悩みごとをスマホで調べる検索魔になったり…。ずっと子どもに合わせ続けていると、「自分ばっかりガマンしている」と怒りが爆発することがあります。

ときには**わがままになり、家事の手を抜いて自分の機嫌を取るためにできることをしましょう。**いつでも子ども優先ではなく、「今日はママが食べたいメニューを選ぶ」「近所の公園に行くだけのときもおしゃれしてみる」など、ちょっとしたことで心が軽くなります。私の場合は、大河ドラマを観るのが楽しみで、健康と気分転換のために筋トレもはじめました。

「子どもに寄り添わなきゃ」
「いいママにならなきゃ」
「寝かしつけ後も育児の悩みで
検索魔に（そして寝不足）」

“自分のため”にできることは？

- 自分が食べたいメニューを選ぶ
- 家事をしながら音楽を聴く
- すき間時間に推しの
ドラマや動画を観る
- メイクやネイルなど、おしゃれを
する時間を削らない
- 運動をはじめてみる

など

がんばりすぎず、
自分を大事にする行動を！
それが、子どもに怒りをぶつけない
心の余裕をつくります

「いい加減にして！」と言いたいときほど子どもの目がキラキラしていないか観察

片づけても片づけても幼かった長男と長女が部屋を散らかしてイライラしたとき、母に尋ねたことがあります。母は、最重度の自閉症（カナー型）[※]の姉、私と弟の3人を育ててきました。「私たちが子どもの頃、部屋が片づかなくてイライラしなかった？」と聞くと、母は**「部屋がキレイかより、子どもたちが楽しんでいるか、笑顔でいるかを気にしていたかな…」**と答えたのです。それを聞いてからは、布団をひっくり返して子どもたちが遊んでいるのを見ても「楽しそうだし、まぁいいか」と思えるように（笑）。

「いい加減にして！」と言たくなるときほど、子どもの目が好奇心でキラキラしていないか？　集中して楽しんでいないか？　そう観察することが大事と母から学びました。

また、長男は就寝前にヒーローのフィギュアで遊ぶのが日課で、幼児期から小学校に入っても続けていました。就寝時間が過ぎると遊びを切り上げさせていたのですが、小

※カナー型自閉症は、以前の診断基準（DSM-5より前）の分類・呼称で、現在はASD（自閉スペクトラム症）に統一されています。

学2年生のある日。またいつものように遊んでいたので「もう寝る時間だよ」と声をかけると、「あと、ちょっとで終わるから！」と長男が言ったのです。「あと、ちょっと!?」と思ってしぶしぶ見守っていると、その後も1時間くらいセリフや効果音を声に出しながら、頭の中で壮大なストーリーをつくり上げて遊んでいたのです。最後は「あ〜！やっと終わった〜」と、とても満足そうでした。それを見て、就寝前の時間は長男にとって一日の中でいちばん集中できる、楽しい時間なのだと気づきました。

注意する前に、お子さんの「好き」や興味関心が広がっているかもと見守ることで、おもしろい感性の芽が見つかるかもしれません。

- 多動だけど、好奇心旺盛で探検しに行っているんだな。うちの子は何に興味があるんだろう？
- 切り替えが苦手だけど、好きなことに集中できるのは長所でもあるかも。今は見守ってみよう。

イラッとしたときの怒りの逃し方

「減らしたい行動」か「やめさせたい行動」かを観察

夕食ができたのに遊びをやめようとしない、靴を洗ったばかりなのに水たまりに入ってドロドロ…「もう！」と怒りたくなるシーンはたくさんあると思いますが、子どもをよく観察してみると、目が好奇心や集中モードでキラキラしているかもしれません。P.070の「減らしたい行動」か「やめさせたい行動」かを観察して分類すると、実はほとんどが「減らしたい行動」。「そんなに怒るほどのことじゃないか。次は夕食ができる20分前から片づけの声かけをしよう」「今日はしょうがない。雨上がりのお散歩は、長ぐつをはかせよう」と対策を立てられます。

6秒カウント、心の中でハッピーバースデーを歌う

怒りの感情と上手に付き合うための心理トレーニングである「アンガーマネジメント」

では、怒りの感情が湧いてきたら6秒ガマンすれば怒りのピークが過ぎるとされます。例えば、ハッピーバースデートゥーユーを歌う、芸人さんのギャグをつぶやく、呪文を唱えるなど、気持ちを落ちつかせる歌やフレーズを決めておいてもいいですね。

●「あ!」を「あ〜あ」にして息を吐く

「あ! なんでそんなことするの!?」と怒鳴りそうなときは、「あ」をプラスして「あ〜あ」とため息のようにする。それだけでも怒りでこわばった表情、肩の力が少し抜けます。

さらに、状況をナレーション(実況中継)してみる方法もおすすめ。例えば、子どもが牛乳をこぼしてしまったなら、「あ〜あ。○○ちゃんのひじがコップに当たり、牛乳がこぼれています。さぁ雑巾はどこかな、どうしようかな…」。そうしているうちに、怒りのピークが過ぎます。こぼしたのは、きっかけがあるはず。それにフォーカスし「コップはテーブルの中央に置こうね」「走らないようにしよう」などと伝えられます。

怒りを逃しても、ネガティブな感情はため込むと爆発してしまうもの。夫、友人などに話したり、ストレス発散できる自分の時間をつくることが重要です。

子どもの気持ちを言葉にしてから代わりの好ましい行動を教える

子どもがオモチャをこわす、投げる、きょうだいや友だちを押す、たたく…そんな行動を目にすると「ダメでしょ！」と怒りたくなるかもしれません。子どもはダメだとわかっているけど、自分の気持ちをまだ言葉でうまく伝えられず、怒りを逃す行動も知らないから、こわす、投げる、押す、たたくといった行動をとってしまうのです。

「くやしいね」「悲しいね」「さみしいね」「イライラするね」…そのときの子どもの気持ちに寄り添いつつ言語化してあげると、「そうか！ これは、くやしいっていう気持ちなんだ！」と理解できるように。たたく、投げる以外の代わりの行動を具体的に教えることで、少しずつ手が出にくくなっていきます。

例えば…

●積み木のタワーがくずれ、くやしくて積み木をグチャグチャに

➡「がんばって積んだのに、くやしいね。もう一回、積んでみる?」、くずれる=失敗ではなく、つみ木を積んで指でちょんとして倒すところまでを楽しい遊びに（くずれた〜と体もいっしょにドテ〜♪）

●おやつの袋を開けられなくて、泣いて袋を投げた

➡「おやつを食べたいんだね」「開けてって言えばいいんだよ」「開けて欲しいときは、ママのところに持ってきてね」と泣いて袋を投げる以外の言葉や行動を教える。

●ブロックを投げた（ふざけて楽しむように投げている）

➡「これなら投げていいよ」と代わりのものを提示。言葉の理解が進んでいれば「ブロックを投げて人に当たったらケガしちゃうね。投げていいのはボールだよ」とルールも伝えて。

怒る ✕

「何で友だちを押したの!?」

「ケンカしないで!!

お友だちと仲良くしなきゃダメ」

叱る ○

「オモチャを取られてイヤだったね。

〝やめて〟って言えばいいんだよ」

「イヤなことをされたら離れてもいいんだよ」

注意引きの困った行動は子どもの目を見ずに淡々と声かけ

子どもは、大好きなママやパパに注目してほしい（自分を見て認めてほしい）という気持ちをもっています。物を投げる、たたく、高いところに登るなど、子どもが注意引きの行動をしたとき、実はママやパパの反応をよく見ています。

そんなとき、子どもに近づいて「も～ダメだよ」とやさしく言ったり、「ママの目を見て！」と怒ったりするとうまくいきません。怒られた結果だとしても子どもにとっては「ママ、パパが注目してくれた！」という成功体験になってしまい、注意引きの困った行動を続ける原因になるのです（強化）。

ペアレント・トレーニングでは、こうした**注意引きの行動に対し、注目せず待ち、少しでも行動が変わったらほめる「無視、待つ、ほめる」**というテクニックがあります。

これは、子ども本人を無視するのではなく、〝行動〟に注目しないということ。体は子どもの正面ではなく斜めに向け、視線を他に向けます。そして、必要に応じて無表情で

（口角が下がり過ぎないように！）淡々と好ましい行動、取ってほしい行動を指示、説明。「ママ（パパ）はこうしてほしい」とI（アイ）メッセージで伝えるのも効果的です。

次に、子どもの行動に小さな変化が出てくるのを待ってほめるか、別の話題に切り替えて困った行動が自然と減っていくことを期待します（消去）。

さらに、**さみしさによる注意引きの行動を減らすには、普段から子どもをハグしたり、目を合わせて笑顔で「大好き！」と存在を認める言葉**もたくさんかけてあげましょう。

怒る ×

ママの目を見なさい！オモチャを投げちゃダメでしょ！大事にできないなら捨てるよ！

叱る ○

あえて目を合わせず「オモチャは投げないでこの箱に入れます。できるかな…」。待ってできたら「できたね！」と注目してあげる

言葉と視覚情報をセットにして守ってほしいルールを伝える

長男が5歳のとき、夕食の前にアイスを食べてしまう習慣があったのですが、言葉で「アイスはごはんの後だよ」と何度言っても聞けず、冷蔵庫を開けて食べてしまうことが続きました。そこで、紙に「アイスはごはんのあと」と書いて壁に貼って冷蔵庫に向かいそうになったときに指でさして読み上げたところ、なんと、「あ、そうか…」とガマンできるようになったんです（文字が読めるようになる前です）。

また、オモチャ売り場からなかなか帰ろうとしなかったとき、腕時計の針を見せて、「5分経って長い針が6のところになったら帰ろう」と伝えたところ、すっと切り替えられたこともあります。

お子さんに言葉だけでは伝わりにくいと感じている場合は、「言葉＋視覚情報」（文字、イラスト、写真、動画、絵本、〇×など）をセットにして伝えてみてください。耳からの情報（聴覚への刺激情報）だけだと聞き流してしまうことがありますが、目で見るこ

とで理解しやすくなります。

例えば、道路を歩くときに「危ないから走っちゃダメ！」と言葉だけで伝えるより、「道路で車とぶつかってケガをするから、走りません。手をつないで歩きます」などと動画を見せながら説明すると、危険性を理解しやすくなります。

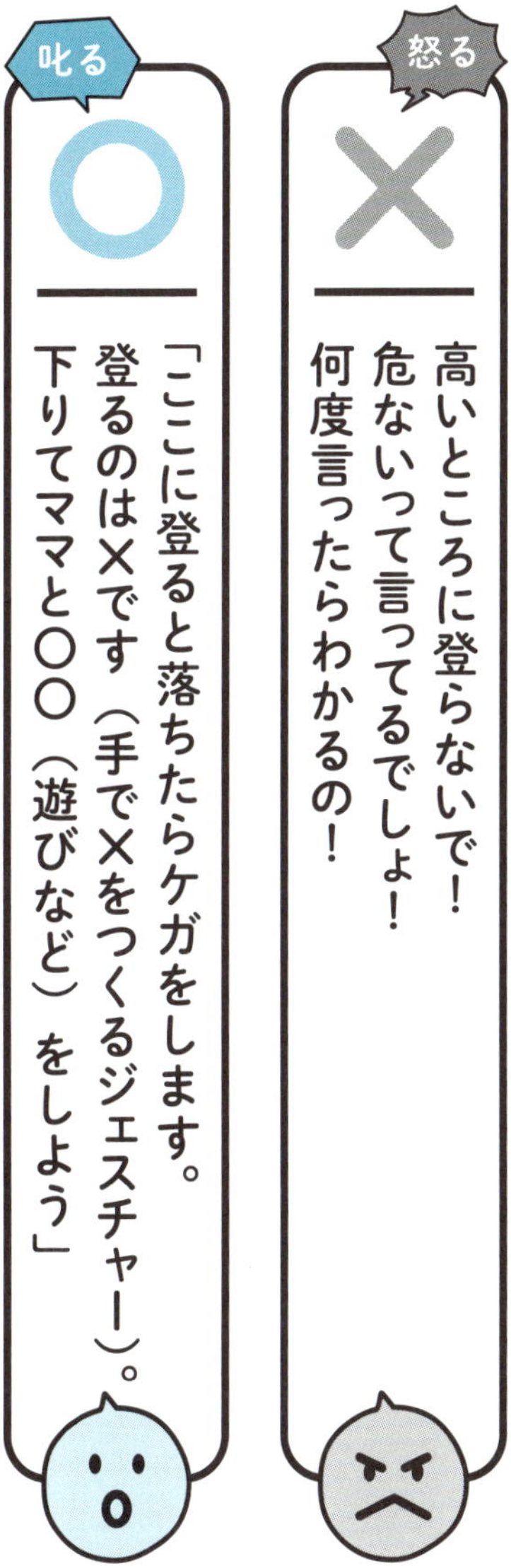
怒る
×
高いところに登らないで！
危ないって言ってるでしょ！
何度言ったらわかるの！
叱る
○
「ここに登ると落ちたらケガをします。
登るのは×です（手で×をつくるジェスチャー）。
下りてママと○○（遊びなど）をしよう」

叱った後、子どもが好ましい行動に変えたらすかさずほめる

「駐車場では手をつなごう」「座って食べよう」「走らないで歩こう」…ママ、パパの言うことを聞いて子どもが行動を変えたとき、すぐにほめているでしょうか。

「当たり前のことで、ほめるほどのことではない」と思うかもしれませんが、子どもが大人の指示を聞いて行動を変えるのはがんばった結果。せっかく言うことを聞いたのに、何もほめられない＝ごほうびがないと、「言うことを聞いてもいいことがない（だから、また無視しよう）」という気持ちになってしまいます。

子どもの自己肯定感を保つための叱り方のポイントは、声かけしてから待ち、行動が少しでも変わったらその小さながんばりを認めて成功体験で終わらせること。子どもが行動を変えた瞬間、「できたね！」「言うことを聞いてくれてありがとう」とほめます。

例えば、最初は立ち歩きをしていたのに声かけで座ってくれたら「その調子だよ」「かっこよく座れているね」、手をつなげたら「手をつないでくれたね！」「横断歩道の前で止まれたね」と行動をこまめに認めることで、だんだん好ましい行動が増え、叱る回数が減っていきます。

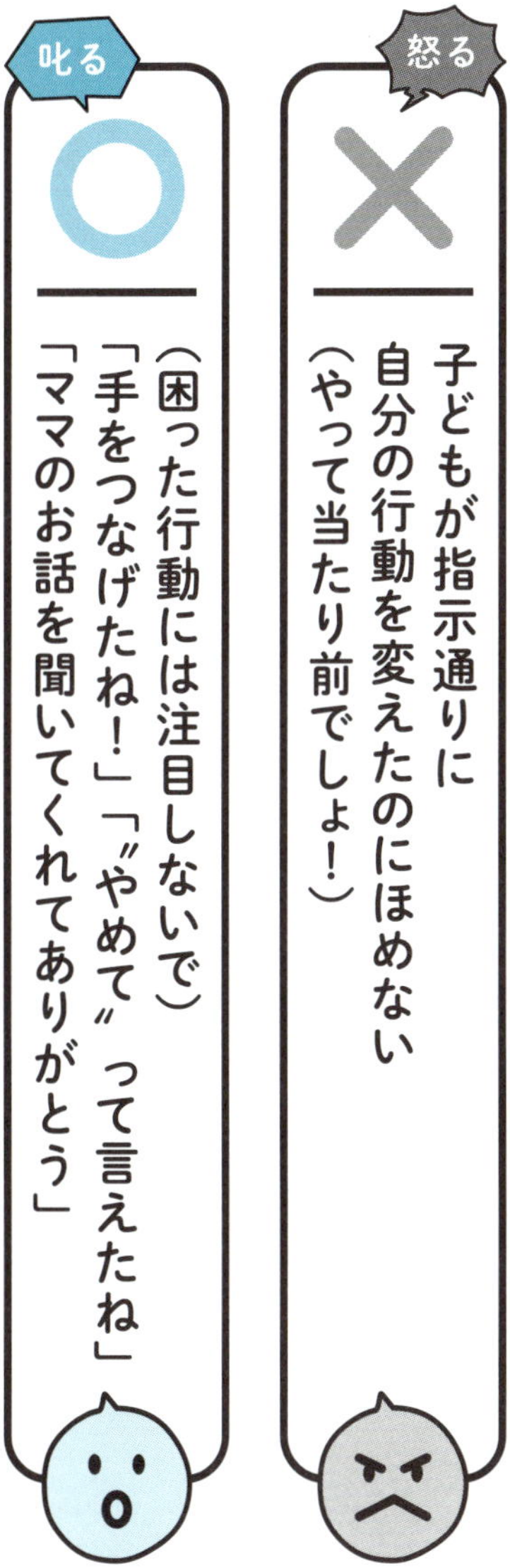
怒る
子どもが指示通りに
自分の行動を変えたのにほめない
（やって当たり前でしょ！）
叱る
（困った行動には注目しないで）
「手をつなげたね！」「〝やめて〟って言えたね」
「ママのお話を聞いてくれてありがとう」

実践法

困った行動→好ましい行動に！

自己肯定感を保つ！ 上手な叱り方

きょうだい、友だちを

たたいた

抗議や拒否の言葉、たたく以外の怒りの逃し方などを具体的に教えることで、相手をたたく、押す、かみつくなどの行動を防ぎます。

① “たたく”はしてはいけないことだけど、必ずきっかけがある！まず、子どもの気持ちに寄り添って「こわされてイヤだったね」「オモチャを取られたのね」

② その場（きょうだい、友だち）から離れる。たたかずに、相手にどう言えばいいか、代わりの行動を伝える

例 「やめて」「嫌だ」「取らないで」と言う、ムカムカしたら自分の手をギュッとにぎる、クッションをたたく、ママやパパ、先生のところに行って知らせる、など

③ 落ち着いてきたときに「何があっても人はたたきません。約束だよ」と教える。②で教えた方法で、たたかずにガマンできたらほめる

人をたたいたときの叱り方の例

子どもの怒り、悲しみの気持ちを言語化する

たたく以外で相手にどう伝えればいいか教える

言葉で伝える以外の別の行動も教える

普段、リラックスしているときに大切な社会のルールを何度も教える

道路での飛び出し

言葉だけで説明しても飛び出しがなぜ危ないのかイメージしにくいため、インパクトの強い動画を使ってルールを伝えることも効果的。

① 飛び出しそうになったら大声で怒ってOK。
「ダメ!!　止まって!!」

「危ない！」

（子どもの人格を否定せず、危険行為に対して怒る）

↓

② 家で動画
（子ども向けの交通安全ルールを教えるもの）
を見せながら、
飛び出すと車にぶつかる危険があることを
言葉+視覚情報で理解させる

↓

③ 横断歩道の手前の
黄色の点字ブロックで止まる。
ママと手をつないでから、片手を上げる。
道路は白い線の内側（歩道）を歩くなど
散歩のときなどにルールを繰り返し教える。
守れたらその場でがんばりを認める。

道路の飛び出しの叱り方の例

危険行為は
大声で怒って止める
必要があることも

動画で視覚的に
飛び出しの危険を
理解させる

どこで止まるのか
具体的に教える

いっしょに練習して
ルールを守れたら
ほめる

叱るシーンで使える!

ポジティブな声かけ変換表

「片づけなさい!」	「ブロックを箱に入れよう」 「お片づけしてくれると、ママうれしいな」 「いっしょに片づけ競走しよう」
「お風呂入って!」	「ママの背中を洗うお手伝いしてほしいな」 「入浴剤で遊ぼう」 「アヒルちゃんを洗ってあげよう」
「歯磨きしないと虫歯になるよ!」	「歯磨きして虫バイ菌をやっつけよう」 「鏡を見ながら自分で磨いてみる?」
「走っちゃダメ!」	「歩こうね」(事前に約束) 「ピヨピヨ、ひよこちゃんみたいにゆっくり歩くゲームをしよう」
「手をつないで!」	「道路と駐車場では手をつなぐよ。公園では自由だよ」 「手をつないでくれたら、ママはうれしいな」
「イスに座って!」	「5秒でかっこよく座れる人~?5、4、3、2…座れたね!」

「危ないから イスに 登っちゃダメ！」	「下ります」「イスに座ってください」 「×の場所は登らないよ」（紙を貼る）
「早くして！」	「〇分で準備をしよう」（タイマーや時計を見せて） 「パパとどっちが早いかな？」
「家に帰るよ！」	「帰って〇〇を食べようか」（子どもの好きな食べ物） 「おうちでパパと〇〇で遊ぼう」（子どもの好きな遊び）
「（スーパーの品物を）さわらないで！」	「見るだけだよ。約束を守れたら〇〇を買おう」（子どもの好きな食べ物。事前に約束） お店で品物をさわりそうになったら「見るだけ、見るだけ…」と隣で呼びかけ応援する
「テレビ、見せないよ！」「おやつ抜きだよ！」	「〇〇したら、テレビを見ようね」 「〇〇してから、おやつを食べよう」
「鬼が来るよ！」「サンタさん来ないよ！」	「がんばれば神様が見てくれてきっといいことがあるよ」 「〇〇したら、きっとサンタさんが来てくれるよ」
「トイレに行かないと、もれちゃうよ！」	「トイレに行って、スッキリして出かけよう」

注目ほめ習慣 体験談 1

目を合わせて笑顔、超スモールステップのほめ習慣で声かけが伝わりやすくなり、言葉も増えてきました！

A・Iさん（3歳・男の子）

息子は、1歳半健診で言葉の遅れの指摘を受けました。1歳8か月で保健師さんの自宅訪問があり「言葉が増えていかない。発語が減っている気がする」と伝えたところ、「今まで出ている言葉がすべてなくなることもあります」と真顔で言われて…。不安をあおられたうえ「焦らないで様子を見ましょう」と言われ、生きている心地がしませんでした。そのうえ、かかりつけの小児科医からは「たしかにこの部屋に入ってきてから、私とは目が合っていないです」と言われ、不安に襲われて睡眠もあまりとれず体調をくずしました…。そんな中、発達特性のある子へのポジティブな視線、未来の希望がつづられた、ゆみ先生のInstagramの投稿を見つけ、「相談したい！」と強く思いました。

ゆみ先生からのアドバイスで、**アイコンタクトの練習、超スモールステップで1日50回ほめる**ことからスタート。例えば、「イスに座れたね」だけではなく**「もう15秒も座れ**

たね」と経過にも注目。着替えでズボンを持ったら「着替えようとしているね」など行動そのものに注目して声かけをしました。

アイコンタクトの練習で**反省しているのは、「ママの目を見て！　目！」と必死な顔で言ってしまった**こと。さらに、私と夫、義父母の大人4人が息子の名前を何度も呼び、「目を見て！」と声をかけたので、息子は背を向けて避けるようになってしまったんです。方法を見直し、**「目を合わせたら（息子にとって）いいことがあった！」となるように、アイコンタクト＋笑顔、ほめ言葉をセットに。**寝室でゴロンと横になって息子をくすぐったり、歌を歌ったりして自然と目が合うふれ合い遊びもしました。

そして、だんだん息子は私を見てうれしそうな表情を見せてくれるように！　8か月経つと「着替えよう」「ごはんを食べよう」など**目を合わせてから声をかけると、指示が通りやすくなりました。要求があったとき、目を合わせて「ジュースが飲みたいんだね」と言うと、息子が「ジュース」と言ってくれて、発語を促すことにもつながっています。**

最近は、保育園、療育の先生の顔を見てあいさつの言葉を返せるようになり、お友だちに「バイバイ、タッチしよう」と言われ、振り返って「タッチ！」と言ってハイタッチしていて、成長を感じました。これから、子育てで私自身の心に余裕をもつためにも、まず自分が楽しく過ごすことで息子や家族の笑顔につなげていきたいです！

注目ほめ習慣 体験談2

目合わせの習慣、行動に注目するほめ方でかんしゃく、他害がなくなって親子で笑顔に！

Eさん（6歳・女の子）

娘は毎日の登園拒否、かんしゃく、母の私をたたく、蹴る、爪でひっかくなど他害があり、かわいいと思う気持ちが減っていました…。就学時健診では、私から離れるのがイヤだったようで大泣きして暴れて逃げ回り、周りの子が並んで静かに健診を受ける中、「やっぱりこの子は何か違うんだ」と…。スタッフの人から「お母さん、今まで大変でしたね」と声をかけられ、涙が出ました。そして、5歳11か月でASDと診断。発達検査の数値は全体的に高かったのですが、凸凹があり、理想の自分とのギャップを感じやすいとわかりました。6歳2か月から療育をスタート。さらに、ゆみ先生の「大丈夫。もう一度、わが子を大好きになれる」というメッセージに心を打たれ、「娘も私も笑顔で過ごせる日を増やしたい！」と思って相談をしました。

ゆみ先生からは、まずアイコンタクトを強化するアドバイスがありました。**目が合っ**

ているんだと思っていたのですが、いざ意識してみたら、娘が一方的に話し続けるとき全く私を見ていないことに驚愕。それからは、何か頼まれたときは目が合ってから応え、娘が話すときは私のほうを見て目が合うまで待ちました。ふと私と目が合うと、娘はうれしそうで心が通じ合っている気がしました。アイコンタクトを意識して10日ほどで少しずつ目が合うようになり、毎日あったかんしゃくが週1回ほどに。3か月後には親子の会話が楽しくなり、かんしゃく、私をたたく行動もなくなりました。

ほかにも実践したのは、今まで「できて当たり前」だと思っていた行動を「○○しているね」と認める声かけをすること。私自身のマインドが「娘は毎日こんなにがんばっている！」に変わりました。さらに、娘の行動を3つに分類（P.070）。「減らしたい行動」は、例えば食事中に立ち歩いたら「お♪ イスに座ってる〜〜〜〜ね♪」と、伸ばしている間に待って好ましい行動に移してくれるよう促しました。声かけを工夫することでむやみに怒ることが減ったので、娘も私自身ものびのびとしています。

その後、娘は子どもの個性や感性を大切にする少人数制クラスの私立小学校に入学。疲れているとたまに行きしぶりがありますが、学校での楽しかったことをたくさん話してくれます。娘は感性が豊かで作詞・作曲をして素敵な言葉をつむげる子。娘の感性や個性を大切に、笑顔でのびのび過ごせているかを見て育てていきたいです！

注目ほめ習慣 体験談 3

言葉の遅れ、多動、不安を抱きやすい長男の心が安定！ 4歳から6歳でIQが25アップして小学校は通常学級へ

ともこさん（6歳・男の子、5歳・女の子）

長男は3歳から療育に通って伸びていましたが、4歳で言葉は1歳ぐらい遅れがあり、幼稚園では座っていられず多動が目立っていました。また、3歳の長女は早生まれで園生活にがんばって適応していましたが、疲れでかんしゃくが激しいのが悩みでした。

「療育に加えて、家庭でできることをして子どもたちをもっと伸ばしたい！」と思い、ゆみ先生に相談。肯定的な言葉のほめ方、命令口調ではない指示の出し方などを教わって実践しました。例えば、「走っちゃダメ！」→「歩きましょう」、「イスに立ちません」→「お尻をつけます」と、「してほしい行動」を伝える言葉に変換しました。

私の考え方、言葉づかいが変わることで、**長男は言葉が増えて、多動・衝動性が落ち着き、長女はかんしゃくが減少。切り替えもうまくできるように**なっていきました。

しかし、長男が幼稚園年中の冬のある日…。長男は泣きながら「ママごめんね。僕は何もできない人間でごめん」と謝ってきました。「そんなわけは絶対にないよ！」と強く否定して、そんな言葉を知るはずがないのに、誰かに言われたんだなと思い聞いたところ、担任の先生が耳のところでいつも話すんだと。まさかと思って園に確認したら、先生は「わかると思わなかった」と発言を認めて、園長先生から謝罪されました。

たった5歳でそんなことを言われるなんて…とても悲しかったと思います。以前から担任の先生の感情的な対応が気になっていたので、園はそこから休ませることに。思い切って年長の4月からモンテッソーリ教育を取り入れている保育園に転園しました。

転園先の園では、**お迎えのときに先生がその日できたこと、チャレンジしたことを長男の前でほめてくれて、長男は心がとても安定**していきました。

以前の園の先生からは、長男のことを「不器用、鬼ごっこができない、集中力がない、絵は好きじゃないから描かない」と言われていました…。でも、転園先の園の先生は、**「やり方を覚えてしまえばとても器用ですよ。興味が出たときの集中力もステキです！鬼ごっこだって全然できます。絵もダイナミックに大きく描いていて心が安定していますね」**と言ってくれました。さらに、学年主任の先生が私の子どもへの接し方をほめてくださり、とてもうれしかったです。

この経験を通して、子どもにネガティブな視線の先生と毎日いるのと、ポジティブな視線で信じて愛して根気強く向き合ってくれる先生と毎日いるのとでは、子どもの安心感、成長に雲泥の差があると思いました。

新しい園で落ち着いたことで長男の学力も伸ばしたくなり、年長の5月からお受験教室に通わせることに。そこでも先生たちが愛情たっぷりに指導してくれました。私自身、「長男はこんなにがんばれる子なんだ！」と発見でした。

発達検査での長男のＩＱは、4歳で65、6歳では90という結果で、25もアップ。主治医にも「本当によく伸びましたね！」とほめられ、小学校は通常学級へ。登校しぶりもなく、運動会も乗り越え、「学校が楽しいよ！」と伝えてくれます。

わが子に言うのも照れますが、長男も長女も本当に素直でいい子たちです。成長し続ける子どもたちを理解し、私も学び続けて楽しみながら子育てをしていきたいです！

第2章

コミュニケーションの発達段階に応じた

言葉とやりとり力の伸ばし方

目が合いにくい、指さしできない、言葉の遅れ、園で友だちとうまく遊べない…子どもの言葉やコミュニケーションの課題に対して親ができることをコミュニケーションの発達段階ごとにお伝えします。

お子さんの言葉の遅れを心配しているママとパパへ

アイコンタクトやジェスチャーなど言葉だけではない幅広いコミュニケーションの力を伸ばして〝親子で心が通じ合ううれしさ〟を感じてもらいたくて、この第2章をまとめました。次のこともふまえた上で、本章を活用してください。

1歳半～3歳で言葉が出ていない場合

乳幼児期は人とのやりとり、遊びの経験から言語力や社会性が大きく伸びるとき。日本では1歳6か月児健診から3歳児健診まで1年半の期間がありますが、言葉の遅れが気になるのに「様子を見よう」と待っているのは大変もったいないのです。悩みを抱え込まず、絶対にあきらめず、今日からできることをどんどんしていきましょう。

・今日からおうちではじめられる具体的な方法として、この本の第1章（アイコンタクト、ほめ方）、第2章（コミュニケーションの発達段階に応じた言葉とやりとり力の伸ばし方）を参考にする。

・保育園に通っていれば、先生に面談をお願いして集団適応の様子を聞く。

・お住まいの地域にある子育て相談（保健師、心理相談員）、かかりつけの小児科医に相談。耳が聞こえにくい、見えにくいことが言葉などの遅れに関わっている場合もあり、聴力や視力の検査も必要に応じて行う。

・子どもの発達特性に合わせた支援を受けたい場合は、発達外来の医師・心理士、療育などの専門家とつながってアドバイスやレッスンを受ける（この時点で、はっきりとした診断名は必要ありません）。

3〜6歳で言葉の遅れがある場合

幼児期になると物事の理解が進むので、思っていることを言葉でうまく伝えられないことで本人がもどかしい思いをしています。自分の気持ちをわかってほしくて、かんしゃくで思いを表現することも。**第1章のアイコンタクト、ほめ方の基礎づくりを進めつつ、表情、ジェスチャー、文字・文章などで意思を表現する方法も教えて、〝伝える力〟を伸ばしていきましょう。**幼児期のうちに「自分の気持ちをわかってもらえた」という経験をたくさん積んでおくことで、学童期の自己肯定感の基礎がつくれます。

アイコンタクト、ジェスチャーなど言葉を使わないやりとりが発語の土台

子どもはしゃべり出す前から、アイコンタクト、表情、発声、ジェスチャー（身振り、手振り）などを使って、人と関わる楽しさを経験し、相手の感情や物事を理解していきます。発語を促そうと、言葉のシャワーで話しかけたり、絵本や図鑑を必死で読み聞かせたり…言葉のインプットを急ぎがちですが、言葉を使わない非言語のコミュニケーションの力を先に身につけることが、発語の土台になるとされています。

信頼する専門家でママさん言語聴覚士 寺田奈々先生が、著書『0〜4歳 ことばをひきだす親子あそび』で、言葉の表出の土台となる力をわかりやすく図解されています（次のページのコミュニケーション・ピラミッド）。いちばん下の土台の「注意&聴く」は、相手や物、出来事をじ〜っと見る、話を聴くこと。**相手に注意を向けて言葉や動作を模倣（マネ）しながら学び、言葉とコミュニケーション力は伸びていく**のです。**アイコンタクトは言葉とコミュニケーション力を伸ばす最初の重要な種まき**になります。

コミュニケーション・ピラミッド

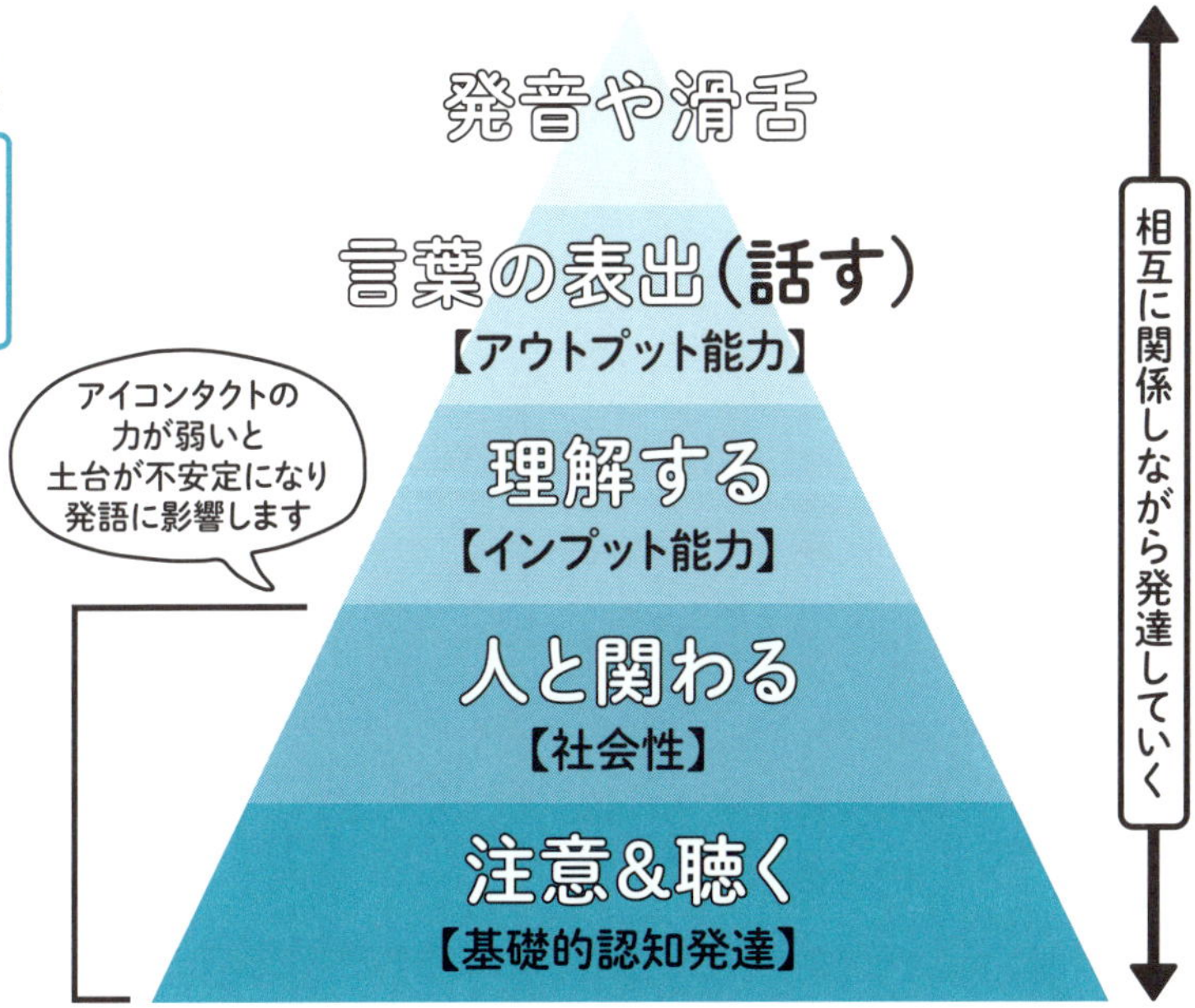

土台の安定には
アイコンタクト+笑顔の習慣から!

下段ほど優先して育みたいことで、「注意＆聴く（相手をじ〜っと見る、聴く）」「人と関わる」「理解する」という土台の上に「言葉の表出（話す）」があります。「言葉を出そう、出そう」と焦ってしまうと、言葉がゆっくりなお子さんの子育ては苦しくなってしまいます。最終ゴールは、人と関わって意見や思いを通じ合わせる喜びを感じられるようにすること。会話だけにこだわらず、アイコンタクトやジェスチャー、文字、絵など幅広いコミュニケーション手段でやりとりの力を伸ばしていきましょう。

出典／『0〜4歳 ことばをひきだす親子あそび』（小学館）

言葉が話せなくても「理解している」と信じて子どもの「個」や「想い」を尊重

例えば、言語がわからない国へ行き、しゃべれないことで「この人はわかっていない」という目で見られたら、心細いしくやしいですよね。それと同じように、言葉がゆっくりの子は、物事を理解しているのに「しゃべれない＝わかっていないだろう」という目で見られがちで、くやしい思いをしていると私は思っています。

「コミュニケーション＝言葉のやりとり」と思われがちですが、次のページのように**「会話」はコミュニケーション手段のひとつに過ぎません。アイコンタクト、表情、ジェスチャーなどで子どもはママやパパに思いを表現し、一生懸命に伝えようとしているのです。**そこに気がつけると、わが子のことがもっと「かわいい！」と感じるはず。会話がうまくできなくても、見て聞いて物事の理解は進んでいるのです。

「この子は、いろんなことをわかっている」というポジティブな視線で子どもを信じて接することで親子の信頼関係が生まれ、コミュニケーションを取りやすくなります。

コミュニケーションの手段はいろいろ！

注意（じ〜っと見る）、**アイコンタクト**、
表情、**発声**（例：あっ！あっ！）、
動作（かんしゃくも動作での気持ちの表現のひとつ）、
物の提示（見せる、持ってくる）、
手渡し、**リーチング**（手を伸ばす）、
指さし、**会話**　など

例えば…

- ママ、パパを見てニコニコ笑う
- 「抱っこ！」というように腕を広げて見る
- 「ちょうだい！」というように、欲しい物に手を伸ばす
- 散歩中に何かを見つけて指さし、「あっ！あっ！」と言う

**このようなアイコンタクト、笑顔、
ジェスチャー、発声が出るのは、
ママ、パパのことが大好きで伝えたい想いが
あふれるからなんです！　かわいいですね♡**

参考文献／『社会的コミュニケーション発達が気になる子の育て方がわかる
ふれあいペアレントプログラム』（ミネルヴァ書房）

子どもの好き・興味、ニコッとする場面に言葉を伸ばすチャンスあり

ＡＳＤタイプの子の言葉やコミュニケーション力の伸ばし方というと、療育の机上レッスンをイメージするかもしれません。それだけではなく、遊び、食事、着替え、入浴、オムツ替えなど、親子で過ごす一日の生活のあらゆる場面に学びと成長のチャンスがあることを教えてくれるのが「ＥＳＤＭ（アーリースタートデンバーモデル）」です。ＥＳＤＭは、アメリカで開発され、ＡＳＤの子のコミュニケーションや遊びのスキルを上げるエビデンスのある超早期介入法として注目されているプログラムです。

「うちの子の好きな物、興味のあることって何かな？」「笑顔になるときは？」と探して、子どもの好き・興味を共有しながら親のほうに注意を引き、人と関わる楽しさを経験させます。

基本的に〝子どものリード〟に従ったり調子を合わせるテクニック（Ｐ.１５７）は、遊びだけでなく生活のいろいろな場面で取り入れられます。

ESDMエッセンス

生活の6場面で
子どもの好き・興味を探してみよう

・オモチャ、または物を使った遊び
・対人遊び
・食事
・育児（入浴、オムツ交換、着替え、就寝時）
・本を使った活動
・家事の手伝い

子どもがよく持っている、見ているオモチャや本、好きなおやつ、思わずニコッとすることなどを上の生活の6場面において積極的に探して見つけます。子どもにとって「楽しい＝もっとやりたい！」と動機になるものを親子で共有できれば、人と関わる時間が増え、好きなことを通して言葉も吸収しやすくなります。

参考文献／『おうちでできるESDM ～親のための手引書～』（ASDヴィレッジ出版）

例えば…

- カーテンをゆらゆらさせる、隠れるのが好き
  （子どもの動きに合わせて「ゆらゆら～♪」、「いないいないばぁ！」）
- 飛び跳ねるのが好き
  （手をつないでいっしょにジャンプ！）
- せんべい、ビスケットが好き
  （少量ずつ渡して「もっとちょうだい！」の要求の言葉・ジェスチャーも引き出す）
- こちょこちょすると笑う
  （オムツ交換、入浴後にバスタオルで体をふくときにわき腹こちょこちょ～♪）
- 乗り物の本をよく眺めている
  （子どもの正面に座り、乗り物の名前を指さししながら読む）

コミュニケーションの発達段階から今できることを知ってステップアップ！

1歳半で言葉を5つ以上言える、2歳になると二語文が出はじめる…こういった、一般の言葉の発達の目安は、お子さんの言葉の遅れに悩んでいる親にとって、大きなプレッシャーになるものだと思います。「他の子に追いつく」「言葉を出す」ことが目標だと、人と比べることになり、苦しくなってしまいます。

誰かと比べるのではなく、**お子さんが今できていることをほめて認め、まだできないこと（目標）は、生活の中で練習してステップアップを！ ここから4つのコミュニケーションの発達段階に応じた接し方と遊びのコツ**を紹介します。

「目が合いやすくなり、笑顔を見せてくれるようになった」「取って！ 開けて！ というように親にジェスチャーで頼ってくれるように」「散歩中にママ見て！というように電車を指さして興味を伝えてくれた」…小さなことだけど親子で心が通じ合う大きな喜びを感じられるはずです。

① コミュニケーションの発達段階のチェック表でわが子の“今”の段階を知る

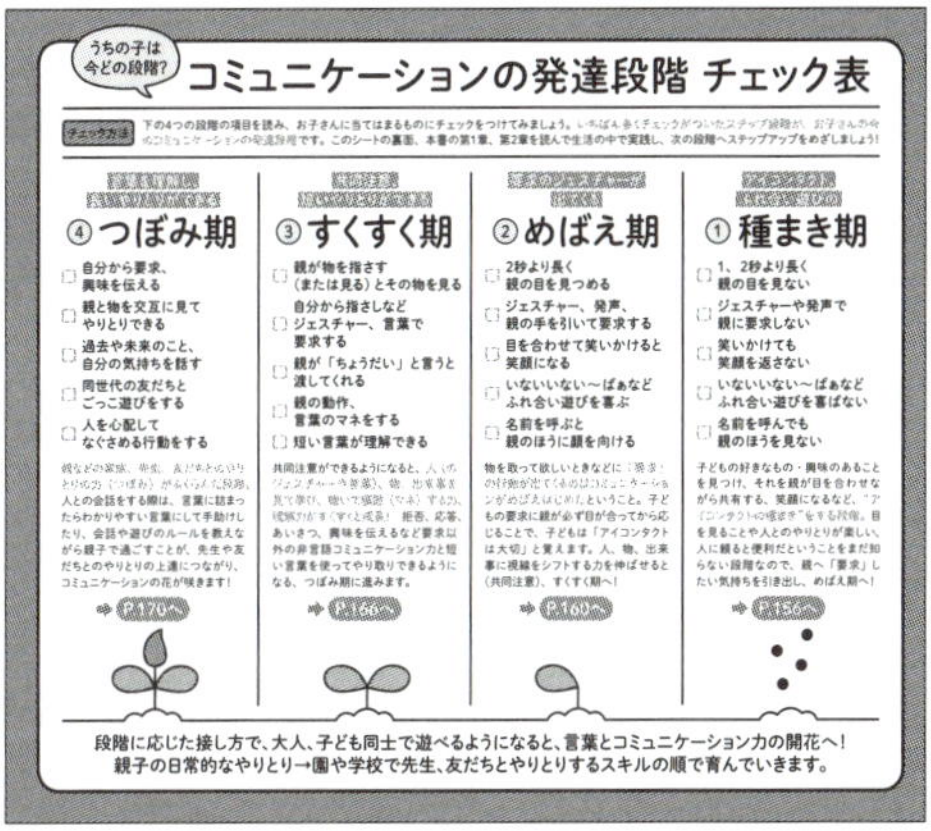

本の最初にあるチェック表の項目を全て読み、多く当てはまるものがお子さんの今の段階です。

種まき期 → めばえ期 → すくすく期 → つぼみ期

② 各段階の目標、悩み（課題）をもとに接し方、遊びを実践!

③ 次の段階のチェック項目に当てはまればステップアップ

P.156～の今の段階の接し方や遊びなどを生活の中で取り入れましょう。親子の日常のやりとりでアイコンタクト、ジェスチャー、言葉の力を伸ばし、次の段階にステップアップしていきます。

言葉、やりとり力を伸ばして開花へ!

実践法

段階ごとのお悩み別
言葉を伸ばす接し方、遊び方

種まき期

目標

- 子どもの好きなことを探し、共有して親の方を見る機会を増やす
- 「親と目が合う+楽しい♪」をセットでたくさん経験させる
- ママ、パパが特別な存在と認識させ、ジェスチャーや発声で要求したいという気持ちを引き出す

接し方

- 遊びは1対1（ママと子ども、パパと子ども）が基本
- スキンシップをイヤがる場合、子どもに近づきすぎず、腕を伸ばしたぐらいの距離を取って正面に座る
- 目が合う瞬間を見逃さず、口角を上げて満面の笑みで反応
- ほめるときは、オーバーリアクション。ほめ言葉+スキンシップ、ジェスチャーをセットにする（P.098）

遊び方

- 子どもがしていることに合わせてナレーションや効果音をつけたり手助けなどをし、親の方に注意を引く
- 体を使った遊び、ふれ合い遊びで目を合わせてニコニコ（P.088）（例：いっしょにジャンプ、ひざにのせてゆらゆら〜、いっしょにハイハイ、子どもが走ったら並走、すべり台やトンネルの遊具の出口で名前を呼んでタッチ、ボールプールにいっしょに入る、など）

↓

- □ 2秒以上、目が合ってニコッとするようになった
- □ 要求のジェスチャー（手を伸ばすなど）、発声が出てきた

めばえ期へステップアップ！ → P.160へ

ひとりで遊んで親のほうを見ない

子どもの好き・興味のスポットライトに入って、さりげなく親の方に注意を引く

「ESDM」（P.152）における、発語がないASDタイプの子が人に注意を向けやすくなるテクニックがこちら。子どもがやりたいこと（好き、興味）に調子を合わせ、下の4つのテクニックを上から順番に試します。

正面に座り（子どもから親の顔が見える位置）、①、②からスタート。親の方を見たら、③手助け、④模倣に進みますが、イヤがったら、①、②を繰り返しましょう。慣れてきたら①～④を組み合わせます。

① 積極的傾聴

子どもの正面に座り、子どもが何をしているのか、何をしたいのか（ゴール）をよく見ます（2人で同じ物を見ている状況に）。ほほえむ、うなずくなど、ジャマをしない程度にリアクションして関心を寄せて。

② ナレーション

子どもが手に取った物の名前、していることの動きを楽しそうに実況中継（例：「電車」「ガタン、ゴトン～」「カーテン」「ひらひら～」）。勝手に解釈し、子どもの遊びの焦点を変えないように気をつけます。

③ 手助け

欲しい物に手を伸ばす、親のほうをチラッと見るなど小さな要求のサインを見逃さず「緑の電車が欲しい？　はいどうぞ！」などとニコニコで大げさに反応して、親は自分を助けて遊んでくれると気づかせて。

④ 模倣

「自分と同じことをしている！」という驚きとおもしろさで親への注意を引きます。例えば、子どもがミニカーを前後に動かしていたら、マネをしてミニカーを前後。ちょっと違うトラックのオモチャを前後させる方法も。

親に頼ろうとしない

子どもの好きなオモチャ、おやつを見つけて、要求したい気持ちを引き出す

種まき期のお子さんは、「人に助けを求めると楽チン！」ということをまだ知らないので、好きな物（おやつ、オモチャなど）をもとに親に要求したくなる状況をつくり出します。ジェスチャーや発声で要求するようになるのは、「種まき期」から「めばえ期」へコミュニケーションの芽が出はじめたということ！

1. 人に助けを求める楽チンさを教えよう

- 透明なジッパー付き袋、フタ付き容器に子どもの好きなおやつ、オモチャを入れる

↓

- 子どもに渡す（欲しいけど、ひとりでは開けられない状況をつくる）

↓

- 「手伝う?」と言って、親が素早く開けて「はい、クッキーだよ!」と子どもに渡す

2. 手助けを求めるようになったら…

● 袋を開けたとき、子どもが親のほうを見て「欲しい」とアピールしたら渡す（アイコンタクトの強化）

⬇

● 子どもに袋や容器を渡そうとして、親が「ちょうだい、って言うんだよ」と声をかけながら目を合わせて渡す

「ちょうだい」と言って、お子さんが無反応だと悲しくなるかもしれませんが、焦らずニコニコして手を広げて待ちましょう。できなかった場合は、右ページの方法、上のアイコンタクトの強化に戻って練習します。

その他
要求のジェスチャーや発声を引き出すには…

● 好きなオモチャを棚の上の手の届かないところに置く（取って！）

● せんべい、クッキーを割って1かけらずつ渡す、1枚ずつ渡す（もっとちょうだい！）

● 抱っこするとき親が腕を広げ、目が合ったら、子どもから近づくまでじらす（抱っこして！） など

めばえ期

目標

- 要求には、目が合ってから応じる（アイコンタクトの強化）
- 親と目を合わせ、物・出来事を見てから親へ視線をシフトする力をつける（共同注意）
- 要求、NO、YESの表現を「ジェスチャー+言葉」で伝えて理解を進める

接し方

- 短いフレーズ（1～3語）、ゆっくり、はっきりと話しかける
- 目が合ったら、ニコニコ（満面の笑み）
- ほめるときはオーバーリアクション
  ほめ言葉+スキンシップ、ジェスチャーをセットにする（P.098）

遊び方

- 動作や発声を使ったやりとり、スキンシップを増やして長く遊ぶ
- 「楽しい！」感情が高まる遊び、手順が一定の遊び、動き
  （例：親が子どもを追いかけ「まてまて～」。たかいたかい、ぎっこんばったん、体を使ってトンネルくぐり、お馬さんごっこ、シャボン玉、キャッチボール、手遊びなど）

↓

- □ **親が物を指さすと、その方向を見るようになった**
- □ **親が「ちょうだい」と言うと渡すようになった**
- □ **親が言うこと（音声、言葉）をマネするようになった**

すくすく期へステップアップ！→ P.166へ

指さししてもその方向を見ない

子どもの好きなものを使って「見て!」「見せて!」の練習をする

「(物を) 渡す→見せる→指さし (の先を見る)」の順番に発達していくため、まずP.158〜159の「ちょうだい、どうぞ」、次に下の「見て！」「見せて！」の練習をしてから、指さしの練習に進みましょう。「見せて！」とニコニコの表情で言い、子どもに物を持たせたまま見せてもらうだけでＯＫ。「見る」「見せる」ことができたら大げさにほめて (＝ごほうび)、「また見たい、見せたい」という気持ちを引き出します。

- 子どもの好きなオモチャを親の顔の近くに持つ。「見て!　〇〇だよ!」と言い、見てくれたら「かわいいよね〜」など大げさに表現する
- オモチャを見せて「見て!」と言い、おもしろく遊ぶ
- 子どもが持っているオモチャを「見せて!」と言い、さし出されたら「かっこいい車!」と大げさにリアクション
- 見せてくれるときに親の目を見てくれたら、「ありがとう〜!」「大好き!」「ステキ!」と大げさに喜んでみせる

指さしをしない

親が指さししているところを見せてから子どもの指さし練習へ

子どもが自ら指さしすると、欲しいもの、興味をすぐに知ることができ、親子のやりとりがぐんとスムーズになります。子どもが指さしをしない場合、まず親が指さしの手本を見せ、「見て！」と注意を引ける便利なジェスチャーがあることを伝えましょう。

1.親が指さしの手本を見せる

- 子どもが好きな物、欲しい物を親が指さして「見て！　○○がある」と大げさに言う
- 手が届かないところに置いた物、遠くの物を親が指さして「あそこに○○がある！」と見せる
- 絵本を親が指さしながら読む
- 食べ物を指さして「○○食べる?」と言い、子どもがその食べ物を見たら渡す

2. 子どもに指さしの形を覚えさせる

- **物を子どもの人さし指に軽くふれさせてから渡す**
- **親がやさしく補助して子どもの手で指さしの形をつくり、物にふれさせてから渡す（指さしの手の形は完璧につくらなくてOK）**
- **指さしで要求ができたら渡す**
- **子どもが物や出来事を指さし、かつ親の方を見たら反応する（アイコンタクトの強化）**

共同注意とは？

相手とアイコンタクトをとりながら視線をシフトさせ、同じ物を見てやりとりすること。子どもが「ママ、パパ、見て！」というように親の方を見ながら物、出来事を指さしできたら成長のサインで、「めばえ期」から「すくすく期」にステップアップします。共同注意で「かわいいね」「おもしろいね」「おいしそう！」と感情を共有して心を通じ合わせることが、やがて相手の気持ちを察したり理解したりする力に。

**共同注意ができるようになると
言葉でのやりとりの力が
すくすくと伸びていきます！**

なかなか言葉が出ない

実物や絵本、図鑑などを見ながら言葉をインプット

子どもが見ている物、持っている物、食べている物の名前を伝えたり、子どもがしていることを短いフレーズ（1〜3語）でナレーションしたりすると、体験と言葉を結びつけて理解しやすくなります（例：ズボンを手に持ったら「これはズボン」、はいたら「ズボンがはけた！」）。また、好きな物や興味をもっていることに関する言葉はぐんぐん吸収して覚えられます（例：好きな番組、アニメのキャラクター名など）。

言葉の図鑑選びのポイント

- デフォルメされたイラストより、写真かリアルなイラストの図鑑のほうが実物と結びつけやすい
- ごちゃごちゃした背景のイラストは物の区切りがわかりにくいため、切り抜きの写真やイラストの図鑑のほうが見やすいことも

ジェスチャーと言葉をセットで教えて
意味を理解させる

言葉の表出がゆっくりなお子さんは、物事の理解は進んでもうまく言葉にできないことがあります。言葉とともにジェスチャーも教えていきましょう。子どもにジェスチャーの意味を理解しやすくするには、表情や動作を大げさに表現するのがポイント。社会で自分を守るには「NO！」（拒否）のときに首を横に振る、嫌いなものを押しのけるジェスチャーを教えることが重要で、かんしゃくやパニックの予防にもなります。

- **NO！のジェスチャー+言葉**
  首を横に振る、押しのける「ううん」「いらない」「違う」「イヤだ」「これは嫌い」
- **YES！のジェスチャー+言葉**
  首を縦に振る、「うん」「わかった」「欲しい」「やりたい」「これが好き」
- **手のひらを広げて「ちょうだい」**
- **物を見せたり指さしして名前を言う（物の提示）「これはズボン」「これはリンゴ」**
- **腕を広げて目を合わせ「抱っこして」**
- **名前を呼んで手を挙げて「はーい」**
- **離れるときに手を振って笑顔で「バイバイ」**
- **頭をペコリと下げてニッコリ「ありがとう」**

すくすく期

目標

- 身振り、指さし、絵・写真、言葉を使った幅広いやりとりの方法を伝える
- 拒否、抗議、応答、あいさつなど要求以外のコミュニケーションを増やす
- 子どもからの自発的なやりとりの力を引き出す

接し方

- 一語文が出ていれば、+1～2語で話しかける（プラスワンルール）
- 子どもがしていること、関心を向けていることを言葉にする
- 子どもが目を見てきてから反応する
- 子どもの行動の経過を見て具体的にほめる（P.100）

遊び方

- 子どもが繰り返しやりたがる遊び、やり方が一定の遊びから発展できるもの、交替遊び
  （例：いないいないばぁ→○○どこだ？（物を探す）、ボールの手渡し→ちょっと投げる、交互にボールを転がす、そのほか手遊び歌、幼児番組の体操など）

- □ 子どもが自分から欲しい物を指さすようになった
- □ 興味をもったことを親に伝えようと指さすようになった
- □ イヤ！（拒否）やバイバイ（あいさつ）など要求以外のやりとりや一語文が増えた

つぼみ期へステップアップ！→ P.170へ

オウム返しをする

間違いを指摘せず、指を使って 語尾の上げ下げを視覚的に示す

「バナナ食べる？」、と聞くと「食べる？」というように、相手が言ったことをそのまま返すのがオウム返し（エコラリア）。妙な話し方だと気になるかもしれませんが、言葉の模倣ができるようになり、次のステップに進めるサインです。「ママ、パパと話したい！」という子どもの気持ちの表れだと前向きに捉えてあげたいですね。オウム返ししても間違いを指摘せず、下のように指の向きで会話での上げ下げのイントネーションを視覚的に伝える方法が有効なこともあります。またYESのときはうなずいて「うん」、NOのときは首を横に振って「いらない」の練習をすることもやってみましょう。

例❶

親「バナナ食べる?」
子「食べる?」（オウム返し）
親「バナナ食べる、だね。
（指を上から下に向けて）食べる」
子「食べる」
親「はい、どうぞ。甘くておいしいねぇ～」

例❷

子「来て」
親「どこに?」
子「どこに?」（オウム返し）
親「『こっち』と言ってね」
（ニコニコしながら推測を）

例❸

子「取って」
親「何を?」
子「何を?」（オウム返し）
親「これかな?　うん」
子「うん」（あえてオウム返しさせる。
うなずきの意思表示も教える）

言葉がなかなか増えない

一語文で話す場合は +1〜2語で話しかける

大人が語学を学ぶときのように、しゃべりはじめた子にいきなり言葉のシャワーで長々と話しかけると理解が追いつきません。一語文が出ていれば、＋1〜2語を目安に短いフレーズで話しかけましょう。言葉を教えるチャンスは生活のあらゆるシーンにあり！　子どもの行動や関心を向けていることを言葉にし、自然なインプットを進めて。

例

「白い犬だね」「しっぽがふさふさ！」

「大きな赤いりんごだね」

「ハンバーグ、おいしいね！」

実物や絵本を見せながら「これは何かな？」「これは誰かな？」と質問する

すくすく期に入ったら、質問に一語文で答える練習をするため、「何？」「誰？」「どこ？」と聞いてみます。ちょっと待って答えられなかったら、「り…」（りんご）とヒントを出して、お話しは楽しいと思わせて。

例

「これは何？」「これは誰かな？」

「犬はどこかな？」

やりとり、遊びが長く続かない

簡単なルール、交替する遊びを 親子で楽しむ

子どもがニコニコして「楽しい！　もう1回！」と繰り返しやりたがる遊びを見つけ、それを親子で楽しんで長くやりとりしていきます。下の例のように一定のやり方、ルールがわかりやすい遊びが○。親子で交替する遊びは、「次は私の番！」と子どもからの自発的なやりとりの機会をつくります。

例【親子で交替して遊ぶ】

- 子どもをひざにのせて、ぎっこん、ばったん
- 親子やぬいぐるみでかくれんぼ
- くすぐりっこ　・鬼ごっこ　・キャッチボール
- 腕で通せんぼして、よーいドン！

すくすく期～つぼみ期

言葉が出ていない場合は…

●さまざまな要求手段を教える

■親の手をクレーンのように使う　■手を広げる、伸ばす（身振り手振り）　■実物を持ってくる　■関係する物を持ってくる　■実物を指さす　■写真を指さす　■絵やカードを指さす　■言葉、文章（文字を指さす、タイピングなど）で要求

●ひらがな表をリビングや浴室に貼り、文字への興味を引き出す

●絵本や図鑑で子どもの好きな物のひらがなを指さしする

言葉が遅れているからといって赤ちゃん向けの絵本をずっと読んでいると、物足りなくなります。物事の理解は進むので、絵本やオモチャなどは年齢に合うものを選びましょう。ひらがな、カタカナなども教えていき、文字・文章での便利なコミュニケーション手段があることを伝えてOK。すくすく期で言葉が出ていなくても、ジェスチャーや発声などで要求以外のやりとり（あいさつ、興味を伝える）が増えたら、つぼみ期へステップアップ！

つぼみ期

目標

- 大人（祖父母、先生）や子ども（きょうだい、友だち）との会話も、親が手助けしながら進めて、親以外の人間関係も広げる
- 自分から会話をはじめる
- 過去や未来のこと、感情についてやりとりをする
- 親子の遊びから、友だちと遊ぶときのふるまい、社会のルールを学ぶ

接し方

- 人からの質問に答えられず困っていたら、本人が理解しやすい言葉にして手助け
- 間違った言葉の使い方をしていたら、否定せずに正しいフレーズを教える
- 行動の経過を見て具体的にほめる（P.100）

遊び方

- 簡単なルール遊び
（例：かくれんぼ、鬼ごっこ、だるまさんがころんだ）
- ふり遊び
（例：おままごと、人形やぬいぐるみのお世話、ヒーローごっこ、かいじゅうごっこ）

↓

親から離れ、先生、お友だちと笑顔でやりとりする姿が見られるようになったら、言葉とコミュニケーション力の開花へ！
いろいろな人と関わる経験をたくさんさせて、社会性を伸ばしていきましょう！

2章

言葉

会話が続かない

人からの質問に答えられなかったら わかりやすい言葉にして手助けする

つぼみ期に入った子は、親との会話には慣れてきましたが、他の大人や子どもとの会話では緊張したり、長文で理解できなかったりして答えられないシーンも。そんなときは、親が間に入り子どもが理解しやすい言葉にして手助けをし、親以外の人と関わる楽しさも伝えていきましょう。

- **「何?　誰?　いつ?　どこで?　なぜ?　どのように?」の質問に一言でも答える練習をする**
（写真や絵など視覚的な手がかりを使って質問し、指さしなどで答えさせても）
- **過去や未来、感情について話す**
（保育園、幼稚園で何をして遊んだ?　誰と遊んだ?　楽しかった?　など）

一方的にしゃべる

こちらの表情を見るまで待って 話すときは相手の目を見ることを伝える

自分の好きなことを一方的に話すのは、相手の目、表情を見て察していないから。親がずっと聞き役でいると一方的に話し続けてしまうため、あえて無反応、無表情で子どもが目を見てくれるまで待ちます。目を見てハッとしたら（あれっ？　つまらなそう？）、「お話をするときは、相手を見てね」とか、「ママ、今どんな気分だと思う？」と聞いて、答えを伝えます。また、好きなことについて話すときは「ちょっといい？」「○○の話をしてもいい？」と会話をはじめる便利なフレーズを教えましょう。それが、友だちとのやりとりのスキルにもなっていきます。

友だちとうまく遊べない

ちょっとわがままなママ、パパを演じて
友だちになりきって遊ぶ

子どもは親との1対1のやりとりの経験を積んでから、他の大人（祖父母や先生）→子ども同士のやりとりの順に上達していきます。友だちと遊ぶときに「ゆずる」「合わせる」「順番を守る」ことを教えるには、いつでも子どもが一番ではなく、ちょっとわがままなパパ、ママを演じながら遊ぶ方法も。ゆずってくれたときは、「ありがとう！」と思い切りほめます。

例
- 子どもが使っているオモチャを「貸して!」と言う
- すべり台をすべる順番を
「今日はママが一番にすべりたいな～」
- おやつを食べているのを見て
「お腹空いたなぁ。ちょっとちょうだい」など

遊びのときにどうふるまえばいいか
セリフや適切な態度を教える

子どもは遊びから社会性を学びます。友だちとのやりとり、園での集団遊びを楽しむには、自分中心ではなくルールや状況を理解し、相手に合わせる力も必要。遊びは親子のやりとりから上達するので、つぼみ期に入ったら、かくれんぼ、鬼ごっこなどのルール遊び、役を決めておままごとをするなど、ふり遊びを積極的にしましょう。また、友だちと遊ぶとき、ケンカしそうなときなど、シーンに応じた適切なセリフも伝えます。

- **遊びに誘うとき、遊びの中に入りたいときは相手を見て「遊ぼう」「何を作っているの?」「入れて」**
- **オモチャの貸し借り「貸して」「今、使っているからあとでね」「いいよ」「ありがとう」**
- **遊びのつもりでも相手に「やめて」と言われたらやめる**
- **怒っても絶対にたたかない、押さない。「やめて」「イヤ」と言葉で伝えるか、ムカムカしたら大人のところに行く、距離を取る**

子どもが最初に遊びの楽しさを
学ぶ相手はママやパパ!
大人と遊べるようになってから、
子ども同士で遊べるようになります。
ケンカをして仲直りして、ちょっとガマンをしてゆずって…
子どもは遊びを通してコミュニケーション力と
社会ルールを学ぶのです。

私の子育てEpisode 01

子育てがつらくなったときに思い出す…長女の出産後に救急搬送、「母子ともに健康」の奇跡を実感した日

子育てが思うようにいかず落ち込みそうになったとき、私は長女を出産した日のことを思い出すようにしています。

「2人目の出産だから大丈夫♪」と夫婦で余裕をもって迎えた出産日。陣痛がピークに達して破水した直後に私は意識を失う事態に。気がついたときにはすでに15分ほど経過しており、酸素マスクを装着されていた私。長女は助産師さんが酸欠状態から回復させてくれて元気に泣いていました。ほっとしたのもつかの間、**私は出血が止まらず産院から大学病院へ救急搬送されることに。**ストレッチャーに移され救急車に乗せられる際、3月なのに見上げた空に雪が舞っていたのをよく覚えています。

看護師長さんが私のそばで「大丈夫ですよ、安心して!」と声をかけてくれたのですが、私も夫も医師なので、師長さんらの焦りをひしひしと感じました。最大速度で点滴をしているのに、血圧が下がり脈拍の異常値を示すモニターを見て「なるほど、私は大丈夫じゃないね」と冷静に判断。**「このままだと危険だ。長男にもう一度会いたいよ…」**とモニター画面が涙でにじみました。

救急車で40分ほどかかって大学病院に着いた頃、幸運にも出血はどうにか止まっていて大事には至りませんでした。この夜、生まれてはじめて自分の命というものを意識して、生きていることと家族への感謝の気持ちがあふれました。

出産後の「母子ともに健康」という状態は、当たり前のことではなく奇跡。医師としては当然理解していましたが、これほどまでに実感するとは。妊娠・出産を乗り越えたからこそ今がある。**みなさんが今、子育てに悩んでいる時間も、自分を見つめる時間も、奇跡を積み重ねたから生じた時間。**時々でもそんなふうに捉えてもらえたらいいな、と思います。

第3章

心理学をもとにした「ABC分析」で かんしゃくを減らす！

子どものかんしゃく、パニックの対応は、イライラして涙が出てくるほどつらいもの。心理学にもとづくABC分析を活用すれば、かんしゃくなど困った行動が減って子育てがラクに！

かんしゃくが激しい子は「NO」を全力で主張できる感受性が豊かな子

かんしゃくが毎日あり、何十分、1時間と続くと、「うちの子って、普通じゃないの!?」と心配になるかもしれません。外出先で大泣きして抱っこができないほど暴れるかんしゃくは、周りからの視線も気になって心が削られるような思いですよね。私も子育てで同じ経験をしてきました。

発達を専門とする小児科医として伝えたいのは、「かんしゃく」は発達特性の有無に関わらず、どんな子にもある「不機嫌」や「不快」な気持ちの表現だということ。

わが家の3人の子どもたちも、乳幼児期にかんしゃくがありました。特に、長男も長女も保育園から帰宅後に連日泣き出す時期があって理由がわからずつらかった！　イライラするママやパパの気持ちがよくわかります。3人目の次男で、ようやく「がんばったから疲れてるのね」「泣き顔もかわいい」と思えるようになりました。

人間はネガティブな感情を内側にためておけず、「声」や「動作」で表現することで発散させ、心を安定させています。かんしゃくは、泣いてひっくり返り、全身で「NO!」を主張しているともいえます。

また、慣れない場所に行く、知らない人に会う、保育園や幼稚園で親と離れる、普段の生活とは違う行事などで「不安」「緊張」から泣くことはどの子にもありますが、不安が大きくなることによる「パニック」は、感受性が豊かなASDタイプの子が起こしやすい傾向があります。ASDタイプのお子さんは視覚優位で周りを見て変化をキャッチできる長所がありますが、空気を読んで理解することが苦手なので「いつもと違うぞ。何が起こるんだろう?」と不安が大きくなりやすいのです（予防法はP.190へ）。

子どものかんしゃくを減らす（防ぐ）ための〝伝える力〟の伸ばし方は、「悲しい」「怒ってる」「イライラする」「くやしい」「疲れた」「甘えたい」「怖い」「緊張する」など気持ちを表現する言葉、首を振る、押し返すなどの「NO!」を表現するジェスチャーを教えてあげること。そうすると、「かんしゃく」という形で自分の感情を爆発させることから成長して、感受性が豊かな長所は残しつつ、ネガティブな気持ちを「言葉」や「ジェスチャー」で表現して上手に発散できるようになっていきます。

かんしゃくを発達特性や性格のせいにしない！原因を見つけて分析&対策すればいい

かんしゃくをよく起こすのは「発達特性があるから」「切り替えが下手だから」「怒りっぽい性格だから」など、本人の特性や性格のせいと捉えると、対策を考えられなくなり、泣いて暴れてネガティブな感情を発散という困った行動が続いてしまいます。

かんしゃくには、必ずきっかけや、同じ状況で繰り返す原因があるのです。

次に挙げるかんしゃくのよくある原因を参考にしつつ、P.182から紹介する「**ABC分析」で対策を立てましょう。泣いてグズグズする時間が前より短くなったり、約束を守れたなど少しずつ改善へ**と向かっていくはずです！

● 眠い、空腹、暑い、トイレに行きたい、疲れた、甘えたい ⬇ その欲求を満たす

子どもは大人のように眠いとかお腹が空いているから不機嫌になることに気づいていなかったりします！「眠いの？」と聞くと「眠くない!!」と怒ることもありますよね。よく観察し、空腹な

ら食べる、眠いなら寝る、疲れたなら休む…と生理的欲求を先に満たすことをお忘れなく。

●言葉でうまく伝えられない➡気持ちを代弁してあげる

●イメージ通りにできない➡自分でやりやすいよう工夫

1歳半頃からは、物事を理解する認知能力が伸び、「自分でやりたい！」という意思が出てきます。でも、まだ言葉で自分の気持ちをうまく表現できず、手先が不器用でイメージ通りにできないから「できない‼」とくやし泣きをし、親が手伝うと「自分でやる！」とさらに怒るのです。この一連の流れを知ると少し余裕をもって見守れそうですよね！　子どもの気持ちを言葉にして教えたり、ひとりで取り組める工夫をしたりしてサポートを。

●急かされた、怒られた➡笑顔で目を合わせ、してほしい行動を言う

「早く！」「ダメでしょ」「置いていくよ！」と否定や脅す言葉で子どもを怒ったときに、かんしゃくのスイッチが入ったことはありませんか？　人間は、急かされたり怒られたりすると「責められた！」と感じて怒りの火がつくもの。私も長男が幼児期のときは「早くして」という言葉をつい使ってしまっていたのですが、うまくいくはずもなく〝マイ子育てNGワード〟にしました。

指示を出すときは、子どもの視界に入って笑顔で目を合わせてから、「してほしい行動」を肯定的に言うと反応がよくなるので試してみてください。

今、楽しんでいることをやめたくない

⬇

切り替えた後のメリットを伝える

「今、楽しんでいること」をガマンして別の行動に切り替えさせるときに、かんしゃくのスイッチが入ることも（空腹、眠気、疲れが重なっているとその場でひっくり返って泣くパターンに！）。事前に「（時計を見せつつ）あと〇分したら帰って、アイスを食べよう」「お腹空いたね。ごはんを食べたら、パパとボールで遊ぼう」など、行動を変えた後のメリット（好きな物、楽しいこと）がわかる指示を出すことが、切り替えをスムーズにするコツです（P.053）。

やりたいことができない、欲しい物が手に入らない

⬇

事前にルールを伝える

「やりたい！」「欲しい！」「この動画見たい！」と望んでいたものが手に入らないことがわかると、泣いて親に要求することも。事前に「今日はオモチャを買わないよ」「時計の長い針が一番下にきたらおしまいだよ」と約束。子どもが泣いたら「欲しかったよね。でも約束だから」と気持ちには寄り添いつつ、親がリーダーシップを取って！　かんしゃく行動に付き合わずその場から離れて約束を守らせ、「ガマンできたね」と認める声かけを粘り強く繰り返しましょう。

楽しくない、待つのはつまらない

⬇

遊び方や楽しみ方を経験、待てたらほめる

「楽しくない」「つまらない」と思ったときに不機嫌になることも。でも、それは「遊び方」「楽しみ方」を知らないだけかもしれません。例えば、友だちとのルール遊びの楽しみ方がわからず不

機嫌になるのなら、まず親子で追いかけっこなどルール遊びをして楽しむ経験を。また、待ち時間にできる遊び（手遊び、絵本、塗り絵、折り紙）をしたり、「待てたね」「待っていてくれて助かったよ」と肯定的な言葉をかけたりすることで、少しずつガマンして待てるようになります。

●不安、緊張 ➡ 事前にイラスト、写真+文字を見せながらスケジュールを説明

慣れない場所、知らない人、病院の受診、乳幼児健診、保育園や幼稚園のいつもと違う雰囲気の行事などで、不安・緊張からかんしゃく、パニックが起きやすい場合は、事前に説明して予防することが第一。

言葉だけで説明するのではなく、視覚情報（写真、イラスト、動画、文字）を使い、どんな場所に行くのか、何をするのかを順番に伝えて最後はごほうびが待っている流れにし、ポジティブな見通しをもたせます。予防接種の注射はとてもがんばりがいることなので、特別にオモチャなどのスペシャルなごほうびにするのもアリだと思います。

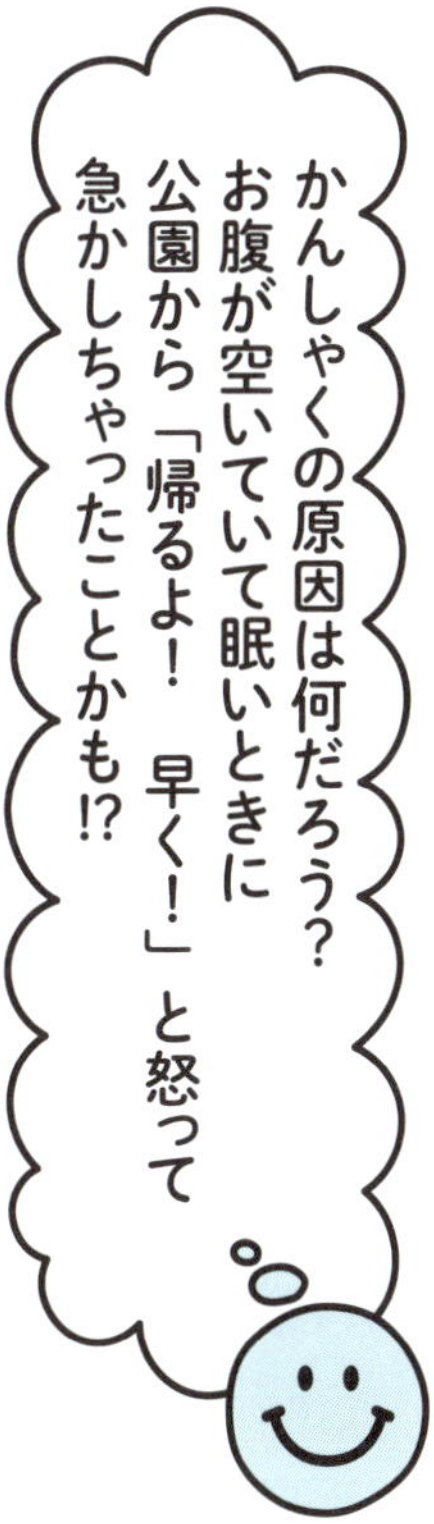
かんしゃくの原因は何だろう？
お腹が空いていて眠いときに
公園から「帰るよ！　早く！」と怒って
急かしちゃったことかも!?

「ABC分析」は困った行動を減らす超お役立ちスキル

子どもの「かんしゃく」を本人の性格のせいにせずに〝行動〟として捉え、冷静に分析してよい行動を増やしていくのに超役立つスキルが**「ABC分析」**です。

ABC分析は、心理学をもとにした応用行動分析（ABA）の方法のひとつ。次のページのように**子ども本人の「行動（B）」を真ん中に置き、その前の「きっかけ（A）」、後の「結果（C）」の関わりから行動の理由を分析します。**コツをつかむとわが子の行動の理由がわかり、対策を立てたり、声かけ上手になれますよ！

かんしゃくが起きたら、A「きっかけ（状況）」→B「行動」→C「結果（起きたこと）」を思い出し、それぞれ当てはめてみてください（最初は紙に書き出し、B「行動」から分析するのがおすすめ！）。**「かんしゃく」というBの行動には必ずAの「きっかけ」があります。また、Cの「結果」の親の行動が子どもにとって報酬、成功体験になり、困った行動を繰り返す理由になっているかもしれません。**

ABC分析とは?

きっかけ	行動	結果
A Antecedent Bの行動の前の状況、出来事、きっかけ、心境	B Behavior 子ども本人の行動。その行動の目標(目的・理由)もセットで考えてみる	C Consequence Bの行動によって起きたメリット、子どもが得たものや親が取った行動
・オモチャ売り場へ行った ・動画を見ていた	「買って!」「もっと見たい!」かんしゃく	泣き止ませようと親が買った、見せた 泣けば望むものが手に入ると誤学習して、かんしゃくを繰り返す原因に(行動が強化された)
・知らない場所に行った ・いつもの生活と違う園の行事 言葉+視覚情報で事前に説明すればパニックを防げたかも!?	泣いたり叫んだりしてパニックになる	部屋から出ることができた

つまり、Bのかんしゃくの行動を防いで減らし、ガマンしたり、約束を守る行動を増やすには AかCを変える対策を立てればいい!

次に同じ状況になったときにかんしゃくを防げ、ガマンしたり、約束を守れたことをほめることでよい行動が増えていきます。

実践法

かんしゃくを減らす
シーン別 ABC分析&対策

買って! 欲しい!と大泣き

人の目が気になって泣き止ませるために買ってあげると（結果C）、「泣けば親は言うことを聞く。欲しい物が手に入る」と誤学習させます。対策のポイントは、「買いません」「泣いたらお店を出ます」と事前に約束し、売り場で泣いたとしても怒らず凛とした態度で約束を守ること。次第に「泣いて欲しがっても手に入らない」とわかり、2〜3回繰り返すと泣いて要求する行動が減っていきます（大変ですが、がんばりどころ！）。多少、親が強引に約束を守らせた形になったとしてもできたことをほめて（ときには、おやつなどのごほうびを）。子どもが「がんばるといいことがある」と学びます。

?

きっかけ A ショッピングモールのオモチャ売り場に入り好きなキャラのオモチャを見つけた

↓

行動 B 「買って!」と大声で泣いた

↓

結果 C 泣き止ませるために、数百円の小さなオモチャを買った

ABC分析

きっかけ A
- 出かける前に「今日はオモチャを買わないよ」と約束していなかった
- そもそもオモチャ売り場の前を通らなければ、かんしゃくを避けられたかも

結果 C
泣き止ませるために小さなオモチャを買ったことが、子どもにとって成功体験になり、かんしゃくで要求する行動を続ける理由に（強化）

こう対策！

きっかけ A
ショッピングモールに行く前、家で「今日はオモチャを買わないよ。守れたらアイス（子どもが好きな物）を食べよう」と約束

行動 B	オモチャを手に取ったけど棚に戻した	「買って！」と泣いた
結果 C	「やったね！約束を守れたね」とがんばりを認めておやつを食べた	泣いたので、約束通りお店の外に出た
	強化（行動を増やす）	**消去**（思い通りにいかず行動が減る）

園から帰宅後のグズグズ

園から帰ってきて子どものイヤイヤがはじまると、入浴、夕食、寝かしつけも遅くなってクタクタに。それを変える対策は、お迎え後に子どもの「疲れた」「お腹空いた」「甘えたい」という生理的な欲求を満たしてあげること！　まず、子どもと目を合わせて「がんばったね」と言葉をかけ、ぎゅ〜っと思い切り抱きしめるスキンシップの時間からはじめてみて。軽くおやつを食べてから、入浴→夕食の順に進んだほうが、眠気もとれて機嫌がよくなり、夕方から夜のルーティーンがスムーズに！

きっかけ **A** **園から帰ってきてすぐに「お風呂に入ろう」と子どもに言った**

↓

行動 **B** **「ヤダ！」と大泣きして拒否した**

↓

結果 **C** **かんしゃくが30分間続き、不機嫌で入浴。夕食作り、寝かしつけも遅くなった**

ABC分析

きっかけ
A 園で一日がんばって帰ってきて、
「疲れている」「お腹が空いた」
「ママに甘えたい」状況だった?

結果
C 入浴タイムを
ママとの楽しい遊びの時間にすれば、
ごきげんになったかも

こう対策!

きっかけ
A
- お迎えのときに、目を合わせて
笑顔で「今日もがんばったね」と伝える
- 帰宅中、もしくは帰宅後におやつタイム
- 数分〜10分ぐらいソファで抱っこしてスキンシップ。
それから「お風呂に入ろう」と声をかける

行動
B
お風呂に入った → 結果 C へ
「まだ入らない!」と拒否 → 「お風呂で〇〇して遊ぼう」と誘う → お風呂に入った

結果
C 早めに入浴、夕食、寝かしつけ完了。
親子でHAPPYな気持ちに!

動画を消したら大激怒

動画タイムは、子どもにとってお楽しみの時間。自分に当てはめてみると、続きが気になるドラマを途中でブチッと消されたら怒りたくなるはず。20分前、5分前におしまいの予告をして「そろそろ終わりだ」と心の準備をさせることで、切り替えのときのかんしゃく予防に。親がリモコンを持ち、子どもにリモコンの電源ボタンを押させ、「自分でがんばって消したね」と切り替えを意識させても。

?

きっかけ A **夕食作りのとき、テレビで動画を見せていた。「ごはんだよ!」とテレビを消した**

行動 B **怒って泣いた**

結果 C **食卓に来ないで泣き続けたのでテレビをつけた**

ABC分析

きっかけ A
- 続きを見たかったのに、予告なしで突然テレビを消したから怒ったのかな?
- 自分でリモコンの電源ボタンを押してテレビを消したかったのかも

結果 C
「大泣きする→親がまたテレビをつけた」という流れで、子どもにとって成功体験になっていた（強化）

こう対策!

きっかけ A
- 食事ができあがる20分前から予告。
  「時計の長い針がここまで来たらテレビを消すよ」
  「あと1つお話を見たらごはんを食べよう」
- 5分前に「あとちょっとでおしまいだよ」と直前にも予告
- 「おしまいの時間だよ。テレビを消そう」と、親がリモコンを持ち、子どもに電源ボタンを押させて消す

行動 B
- 食卓に来た
- 「まだ見る!」と泣く

結果 C
- 食卓に来たら「よく来たね。がんばったね」とほめた
- 泣いてもテレビをつけず、「約束守れたね」と注目しないで待つ

知らない場所、人と会ってパニック

こちらは乳幼児健診や受診、予防接種など不安と緊張からかんしゃく、パニックを起こしやすい場面の例。慣れない場所、知らない人（しかも白衣を着ている医者）なら、大人でも緊張するはず。「大丈夫」というあいまいな言葉ではなく、どんな場所に行き、何をするのかを「言葉＋視覚情報」で説明しておくと、パニックの予防に。また、日頃から「アイコンタクト＋笑顔」の習慣をつけておくと、ママ、パパの目を見ることで安心できます。

きっかけ **A** 乳幼児健診で体重測定のために服を脱がせようとした

↓

行動 **B** 服を脱ぎたくないと大さわぎ（パニック）

↓

結果 **C** 大泣きして暴れる子どもを抱っこしながら健診を受けた（本人にとってイヤな記憶になった）

言葉が出ていなくても
事前に何をするのか
言葉＋視覚情報で
説明してあげましょう

ABC分析

きっかけ
A

・どこに行って何をするのか
事前に説明していなかった
・親も慣れない場所で人目も気になり
いつもより表情が硬かった

結果
C

・泣いたときのごきげん直しや時間つぶしの
アイテムがなかった
（例：ぬいぐるみ、タオル、好きなキャラのシール貼りなど）
・単なる苦痛だけのイヤな時間になった

こう対策！

きっかけ
A

・乳幼児健診を受ける場所、当日の流れについて、
視覚情報（文字、写真、イラストなど）を
見せながら説明（前日の夜と出かける前）
・終わった後のごほうびを決める（物でOK）
・親子でお医者さんごっこをして練習しておく
・持っていると安心できるお守りや、泣いたときの
ごきげん直しに使えるアイテムを持っていく

↓

行動
B

泣かずに
受けられた

泣いた。
お守りアイテムを渡すと
少し落ち着いた

↓

結果
C

終わった後、ごほうびに新しいミニカーで遊んだ
（成功体験になったため、次もがんばれるはず）

コミュニケーションの発達段階別

かんしゃく予防・対応法

コミュニケーションの発達段階（P.58）によって、
かんしゃくの予防・対応法を変えていくと、
ネガティブな感情の表現も上手になっていきます。

種まき期

予防 親と目を合わせると安心する力をつけるために、親子のアイコンタクトの強化が優先。子どもが好きなおやつ、持っていると安心するもの、ごきげん直しのアイテムや方法を見つける。

対応 かんしゃくには注目せず（慌ててなだめようとしないで冷静に）、子どもの好きなもの、安心アイテムを渡す、スキンシップ（抱っこなど）で切り替える。

めばえ期

予防 言葉でまだ気持ちを伝えられない段階なので、首を横に振る、押しのけるなどジェスチャーで「NO」、うなずくなど「YES」の表現を教える。

対応 かんしゃくが起きたら目を合わせない（注目しない）。子どもの好きなもの、安心アイテムを渡す。スキンシップ（抱っこなど）、好きなおやつで切り替える。落ち着いてきたら、子どもの気持ちを言葉にする。

すくすく期

予防 子どもの行動を見て、子どもの気持ちを代弁。　例）「お腹空いた」「疲れた」「くやしい」「悲しい」「緊張する」「怒ってる」「イライラする」

対応 かんしゃくが起きたら目を合わせない（注目しない）。落ち着いてきたら「落ち着いたね」と言い、子どもの気持ちに寄り添う声かけをし、ルールを伝える。

つぼみ期

予防 過去や未来の話、感情を表現する言葉を使った会話を親子でする。
例）「明日の運動会、緊張する」「がんばったから疲れた」「オモチャを取られてムカムカした」

対応 かんしゃくが小さいうちに、目を合わせてほほえんで。気持ちに寄り添いつつ、落ち着く方法を伝え、かんしゃくを乗り切る手助けをしていく。

かんしゃくをヒートアップさせない対応

➡ 子どもの目、表情を見て、かんしゃくの火種に気づく

「いつもより目が合いにくい」「表情がムッとしている」など、かんしゃくの火種の「不機嫌」に気づきやすくなります。

➡ 親の「怒り」でかんしゃくに火をつけないようにする

不機嫌な子どもに親がイライラして「怒る」と、かんしゃくに火をつけてしまうことに。怒りの逃しワザを使い（P.122〜123）、ぐっと耐えてあえてしらんぷりの表情や無表情でいることで、かんしゃくを避けられます。

それでも、かんしゃく・パニックが起きたら…

① 目を見ない、話しかけない

かんしゃく、パニックが起きてしまうとすぐに収めるのは専門家でも難しいもの。「落ち着いて！」など何を言っても刺激になってしまうので、目を合わせない、何も話しかけないようにします（なので、予防が重要）。

② 安全確保、場所を移動

ひっくり返って泣いたら、いったん近くの安全な場所へ。移動のときは「ひっくり返ってはいけないね」と教えつつ「あっ!!　新幹線だ！（子どもの好きな物）」とか「え!?　あれは何だ!?　見に行こう！」と何か見つけたように指さしてオーバーに演じて気をそらせ、泣き止んだ瞬間、抱っこしてサッと移動。かんしゃくのきっかけの人、物から離れて落ち着くまで待ちます。

落ち着いてきたら…

③ 抱っこなどスキンシップ。安心アイテム（毛布、ぬいぐるみなど）を渡す。持ってきたお菓子やおもちゃで気をそらす

ほんの少しでも落ち着いてきたら、「落ち着いてきたね」と目を合わせたり声をかけながら抱っこ、背中をさするなどスキンシップ、安心アイテムを渡す、おやつを食べるなど別のことに切り替える。完全に落ち着いてから「緊張したね」「イヤだったね」など気持ちに寄り添う言葉をかける。物を欲しがって泣いたのなら「今日は買わないって約束したもんね」と約束を思い出させ、ちゃんと約束を守った結果になったことに気づかせる。

ママ友ドクターヒストリー

私が発達特性をもつ子のママに寄り添う「ママ友」のようなドクターになりたかった理由

■最重度知的障害をともなう自閉症の姉と育った私が子どもの頃に感じていたこと

下は、私の子どもの頃の母ときょうだいの写真で、3歳上の姉と3歳下の弟がいます。

今から約40年前（1980年代）、姉は3歳のときに最重度の知的障害を合併したカナー型※自閉症と診断されました。

姉は、一語文を話しますが会話での長いやりとりはできず、大人に指示された通りにすぐ反応することができません。でも、幼い頃の私にとって、姉は感情豊かで何でもわかっている「憧れのお姉ちゃん」でした。

※カナー型自閉症は以前の診断基準（DSM-5より前）の分類・呼称で、現在はASD（自閉スペクトラム症）に統一されています。

親から聞いた話なのですが、私がまだ物心つく前、家族旅行に行った際に、姉が走り回って大声を出していても、「あのひとは、わたしのおねえちゃんなの！」と周りの人に自慢気に伝え、ニコニコしながら追いかけていたそうです。

私と弟はよく姉について回って楽しそうに遊んでいたと、母が言っていました。次から次へと物を散乱させる姉と笑い転げる幼いきょうだいたち。部屋は片づく暇もなく友だちを家に呼べなかったけれど、私の幼少期は楽しい毎日でした。

幼い頃、私と弟は母からこう言われて育ちました。

「あなたのお姉ちゃんはね、妹と弟の分まで障害を背負って先に生まれてきてくれたのよ。だから感謝しなきゃね」

世界中で、最重度の自閉症として生きる運命を背負って生まれる子どもは一定の確率で存在します。それがたまたま私ではなく姉だっただけ。そこにはきっと、何らかの意味があると信じています。

母からの教えのおかげで、私と弟は今でも姉に感謝し、尊重する気持ちがあります。姉のことが好きで、恥ずかしいとか隠したい存在ではありませんでした。

姉は物事を理解していても会話がほぼできないので、当時の発達検査上の年齢は2歳児程度でした。ゆえに姉が小学生になっても大人たちが赤ちゃんに話しかけるように接しているのを見て、私は**「お姉ちゃんは何でもわかっているのに、赤ちゃん扱いしないで！」**と、周囲に対して腹を立てていたことを覚えています。

例えば、姉は先生から「靴下をはきなさい」と言われてもまるで無視して走り回っていたのですが、先生がその場を離れると靴下をはいていました。「わかった。あとでやる」と言えないだけで、姉は言葉を理解しているんだと近くで見ていてわかったのです。

他にも、大人たちが「しゃべれないし、わからないだろう」という発言や態度を姉の前でとると、私のことをたたいたり、髪を引っ張ったりすることも。きっと、バカにされた気がして、「わかってるのに！」と言えないもどかしさ、何不自由なくしゃべれる妹の私への嫉妬もあって攻撃していたのだと思います。

姉は幼児向けのテレビ番組も好きだったのですが、小学生になると年相応のアニメをきょうだいと観たり、中高生のときはいっしょにお化粧してあげるとうれしそうにしていました。40代の今は、ニュースやサスペンスの推理ドラマが好きなのだとか。

会話がうまくできなくても「わからない」のではなく「わかっているけど表現できないだけ」と信じて接することの大切さを姉から学びました。

■周りに理解されずに苦しむ母と姉を笑顔にしたくて医師を志すように

約40年前（1980年代）、自閉症は「親の育て方のせい」「愛情不足のせい」という誤解があった時代です（現在、それは医学的に否定されています。P.246参照）。母は周囲から理解されずに時に責められながら姉と私、弟の3人を育てたのです。

姉は思春期に入ると、食卓をひっくり返すなど「かんしゃく」や「強度行動障害」があり、家族を困らせました。正直、思春期になった私も「どうしてわが家だけ!?」と苦しんでいました。しかし、姉も苦しんでいました。姉は医師から出された抗精神病薬や鎮静剤の作用でいつも眠くて不機嫌で、また物を投げる悪循環に陥っていました。母は姉の薬を減らして眠気をとってあげると機嫌がよくて指示が通りやすいことに気づき、それを医師や支援者に訴えたのですが聞いてもらえず、悲しそうにしていました。

「なぜ医者がもっと家族の言うことに耳を傾けてくれないの？　母と姉を笑顔にしたい。障害のある子どもたちと家族に寄り添う医者になりたい！」

そんな思いを高校2年の夏に抱くようになり、医学部受験を決意したのです。

小児科医人生の道しるべに！自閉症診療の第一人者・平岩幹男先生との出会い

私が小児科医の道を選んだ理由は、０歳から子どもたちを診ることができ、身近なドクターとして発達や子育ての相談にのりながら育児を応援できることに魅力を感じたからです。研修医期間を終えて大学病院の小児科への入局が決まり、**私は熱意をもって先輩医師に「私は発達障害※の子と親に寄り添ってあげられる医師になりたいんです！」**と伝えました。すると、**先輩は「あなたのやろうとしていることは、医者の仕事じゃない」**とバッサリ…。態度には出しませんでしたが**「小児科医が子どもと親に寄り添わないで、誰が寄り添うの!?」**とカチンときました。

「私ひとりでも、発達障害についての勉強をどんどんしていこう」

そう思い、専門書を読み漁って休日には全国の学会や勉強会に出かけていました。

そんな中、２０１１年に大阪で行われた日本思春期学会で、私の医師人生の道しるべとなる出会いがありました。自閉症診療の第一人者である小児科医・平岩幹男先生の講演を聴き、「私が目指していることだ！」と心を揺さぶられたのです。**平岩先生は、発達障害の子どもたちは早期に療育を受けることで伸びる、親がほめて伸ばすことが大事だ**

※約14年前のエピソードのため、ここでは「発達障害」と表現しています。2013年以降、診断基準のDSM-5の改定により「発達障害」は「神経発達症」と呼んでいく流れになっています。

とお話しされ、「発達障害の子どもたちは成長をあきらめなくていい。できることが必ずある」というポジティブなメッセージを発信していて感激しました。

私も平岩先生のように、子どもに対して前向きになれる外来ができる医師になりたい！

学会の後に平岩先生のところに質問しに行き、「先生のもとで勉強させてください。先生の外来を見学したいです！」と弟子入りをお願いしました。

私は学びたい一心だったのですが、大学病院の小児科に入局したばかりの新米医師がそんなことをするのは異例。当然、医局長から「勝手に決めるんじゃない」と叱られました。でも、ありがたいことに平岩先生が医局の部長である小児科の教授にかけ合ってくださり、若手医師を育てるための外部研修として外来見学（陪席）の許可がもらえました！

医学博士、小児科医

平岩幹男先生

外来予約は数分でうまり、全国から飛行機でも患者さんが訪れる発達障害診療の名医。「あせらない、あきらめない、あわてない」のスモールステップを基本に、親ができることを外来、講演、著書、SNSなどを通して伝えられています。平岩先生の著書（P.282参照）、YouTube、Voicy、Xをぜひチェックしてみてください！

学会の後の質問タイム

■平岩先生の外来見学で目の当たりにしたほめて伸ばし、気持ちが通じ合う親子の姿

小児科医になって2年目の秋に長男を出産。産休の約10か月間に週2回、平岩先生の外来見学（陪席）の機会を得ました。**平岩先生は、外来で「お母さんたちに子どもと気持ちがつながった感覚を取り戻させてあげたい」**とおしゃっていました。初診で親は、大好きなわが子と目が合いにくく、反応してくれず、気持ちがつながっている感覚がなくて苦しんでいました。

平岩先生は、まず親から悩みや困りごとを聞き、その後に子どもへの声かけや介入の仕方を具体的にアドバイスされていました。例えば、**「〇〇してみようと肯定的な言葉で小さな指示やお手伝いを頼み、手伝っていいのでやらせてすぐほめる。このサイクルを1日50回まわしましょう」**と。そして再診（2か月後）。子どもと目が合い反応してくれるようになり、**平岩先生が「気持ちがつながった気がするでしょ？」と聞くと、親は「はい」とニッコリ。**大好きなわが子と気持ちがつながったことで「あきらめずにがんばろう」という勇気が出てきたようでした。私は小児科医として子どもたちの成長を信じること、親が変わると子どもも変わることを恩師の平岩先生から学んだのです。

約10か月間　平岩先生の外来見学で…

参考文献／『イラスト版 幼児期のライフスキルトレーニング』（合同出版）

親の子どもへのまなざしが前向きになる発達外来を目指して

そして、約10か月間の平岩先生の外来見学を経て、産休から復帰するタイミングで関東近郊の市中病院へ夫婦で出向することになり、小児科病棟の立ち上げに携わりました（夫も小児科医で同級生。当時若手医師は出向して3年ほど経験を積み、大学病院に戻ります）。さらに、「乳児健診外来」「すくすく相談外来」を立ち上げ、平岩先生から学んだことをもとに相談外来をスタート。その3年後、大学病院の小児科に戻り、一般小児診療をしながら、発達専門外来を立ち上げました。

平岩先生から「**親は、わが子が障害児かもしれないと知って藁にもすがるような中、医師からの一言でさらに絶望するほど落ち込んでしまう可能性がある。それを念頭に、外来では細心の注意を払いながら気持ちを前向きにしてあげなければならない**」と教わりました。その教えを胸に、私は最初に専門外来を担当した日から今に至るまでママ、パパの子どもへのまなざしがポジティブになる言葉を選びお話ししています。

例えば「子どもと目が合いにくくて…。この子は私のことを好きではないんでしょうか？」というママ。診察中、後ろでお子さんがオモチャで遊びながら、実はママのことを何度もチラッと見て**「ママ大好き！」サイン**を出していたりします。ASDタイプの子は目を見ると緊張する子も少なくないので、目を合わせずに後ろからママに抱きついたり、服を引っぱったり、顔をさわったり。それが愛情表現なのです。そのことをママに伝えると、「シャイなんですね」とわが子に対してほっこりできるようになります。

言葉の遅れがあり、人より物に興味があるASDタイプの子のママやパパには、**「言葉に頼らなくても、物事を見て理解できるんですね」「人より物に夢中になれる学者さんタイプかも」**と伝えます。ポジティブにわが子を見られるようになると、親の表情も声かけも肯定的になり、子どもの中で素直さと自信が育まれます。

例えば、他院でASDと診断を受けていた5歳の男の子のママは、初診のアンケートの「お子さんのほめたいところは？」という質問に「ほめるところは1つもありません」と書き、「気になること」の項目には、不安が強い、会話が下手などたくさん書いていました。でも、2か月後、4か月後の再診では、「集団適応ができるようになった。かんしゃくが減った。勉強をがんばっている。かわいい。ほめると本当にうまくいく」と成長したことをたくさん書いてくれて。「お母さん、すごいですね！　初診のアンケートでは、ほめるところがないって書いていたんですよ？」と伝えたところ、「えっ⁉　私そんなこと書きました？」と驚いていました。これほどまでに、親は変われるのです。

がんの余命宣告を受けたママから「子どものためにできることを教えてください」と言われて――

一般小児外来と発達外来でたくさんの子どもたちを診て小児科医としての自信をつけ、プライベートでは5歳になった長男が幼稚園や習い事で日々成長していた頃のことです。

2019年のある日、2年近く発達外来に定期受診をしていた5歳と9歳の男の子のママがこう言いました。

「乳がんが再発して余命宣告を受けました。子どもたちが成人するのを見届けられません。今やるべきことを教えてください」

彼女は、私の顔をあまり見ずに淡々と語りました。

同じ母親として彼女の無念さを思うと、本当はいっしょに泣きたくて、「私ができることは何でも言って」と言いたかった…。

でも、医師が診療における客観性を保つため「患者とは私情を挟まず個人的な付き合いはするべきではない」という暗黙のルールが、私の邪魔をしました。

そもそも彼女が私に「ママ友」のように接してほしいのかがわからなくて、感情を抑えて話し続けるしかありませんでした。

私は、家族に寄り添う医師になりたかったはずでは？

子どもの頃、母や姉に寄り添ってくれない医師に対して憤りを覚えていたのに…。

この日、**「診察室にいて白衣を着ているだけでは、本当の意味でお母さんたちに寄り添えない」**と痛感したのです。小児科専門医、子どものこころ専門医という資格があっても、「医師」には越えられない壁があるのだと…。

診察室の外で何かできることをしたいと強く思い、この日以来、診察室の外に出て「ママ友」のような立場でお母さんたちの役に立ちたいと考えはじめました。

そして、2020年2月に3人目を出産し、転機が訪れました。

新型コロナウイルスの感染拡大にともない多くの自治体で乳幼児健診が一時休止になり、SNS上には不安になったママたちの声があふれ出しました。乳幼児健診は、子育て中のママにとって専門家に発達相談ができる貴重な場です！

そこで私は、「ママ友ドクター」という愛称でSNSを使って乳幼児健診の解説動画、特性のある子の発達相談ライブやセミナーなどの活動をスタートしました。

その後、子ども発達相談アカデミー『VARY（バリィ）』というコミュニティを立ち上げて、オンラインや対面での発達相談会も全国で行うようになりました。

子育て仲間の「ママ友」のような感覚で、私の医者としての専門知識だけではなく、子育ての体験談も共有しながら、いっしょに笑って、ときには泣いて…。私が心からやりたいと思っていた、発達特性のある子のママたちを支える活動ができています。

医師としても、母親としてもまだまだ修業の身の私ですが、悩んで心を痛めるママやパパの役に立てる情報の発信や子育て支援サービスを考え続けます。

そして、私を支えてくれている家族、仲間、母や姉を笑顔にするために、まだまだがんばりたいと思っています！

第4章

偏食　他害　多動
クセ　感覚過敏
登園しぶり　…etc.

お悩み別
発達相談アドバイス

子どもの気になる行動についてお悩み別に回答！
第1章の基礎づくりをしながら紹介する方法を取り入れてみてください。

悩み

食べられる物が少なくて給食を残してしまう

Advice

ごく少量を小皿に盛って「お皿をピカピカにしよう」に目的をチェンジ！

長男も4歳まで納豆ごはんと麺しか食べず、偏食に頭を抱えていました。ここで紹介するのは公認心理師 りさ先生に教えていただいた偏食改善の方法。「食べる」ことから、「お皿をピカピカにする」という目的に変えちゃう目からウロコの方法です。

●小皿や小鉢、もしくは一口スプーンを用意し、好きな物を少量、苦手なものはごく少量盛ります（数㎜の大きさ、好きな味付け、生野菜は火を通すなど、食べやすくしてＯＫ！）。

●まず好きな物を食べ、次に「お皿（スプーン）をピカピカにしよう」と苦手な物をちょっとずつ、ママ、パパはニコニコの表情で促します。

子どもが拒否すると「どうせ残すし」と好きな物だけ食卓に並べたくなりますが（私

もそうでした）、偏食には寄り添いすぎないのが鉄則。食べられる物が少ない状態が続くと給食だけではなく「食べること」自体がつらい時間になり、栄養も偏ります。ママ、パパは※ニコニコ顔で粘って！

●そして、**食べられたら「お皿（スプーン）ピカピカにできたね！」と拍手やハイタッチで大げさにほめて、また少量を盛る…を繰り返します。**これを毎日の食事で根気強く続けていくと、子どもは「お皿をピカピカにするまで食べる」→「ほめられる」ことを学習して苦手なものもちょっとがんばって食べられるように！

長男の場合は、ソースたっぷりのキャベツのせん切り5㎜（！）からスタートし、年単位で時間をかけ少しずつ量を増やしました。小学校高学年の今では、生野菜サラダ、ねぎたっぷりのうどんも「おいしそう」と言って食べてくれるので、成長に感激しています。

※体調が悪いことで食べられない場合があるので、元気で機嫌がいいときに無理なくすすめてください。

盛り盛りのワンプレートごはんは食べ切るハードルが高め

たくさん食べてほしいからとワンプレートにあれこれ多く盛ると、視覚優位の子は「こんなに食べられない！」と、お皿に残すことが当たり前に。おかずの味が混ざっていそうでイヤがる場合も。

例）キャベツのせん切り5㎜からスタート

1. 小皿やスプーンに好きな物を少量苦手なものはごく少量盛る
2. 「お皿ピカピカ！ママうれしい！」と大げさにほめる（ごく少量でも食べられたら成功でOK！）
3. 慣れてきたら、好きな物、苦手な物を交互に食べる

悩み

食事中に席を離れてしまう

Advice

気の散る物を片づける、席の配置の変更で「座って食べて！」のイライラが減ります

「座って食べられない子」という視線で子どもを見るとイライラしがち。食卓の席から離れて何をしているのか〝行動〟をよ〜く観察してみて。環境を整えれば、叱らなくても座って食べられるように！

●オモチャで遊びはじめた、テレビの近くに行った…「食卓の子どもの席からオモチャが目に入った」「本人の中で遊びが途中だった」のかも。食事の前にオモチャの片づけをして「おしまい」の切り替えを。オモチャはフタ付きの箱や布などで隠す、テレビを消すなど、食事中に気の散る物を減らしましょう。下の図のように子どもの席を壁側にしても。

●高いところに登るなど注意引きの行動をはじめた…困っ

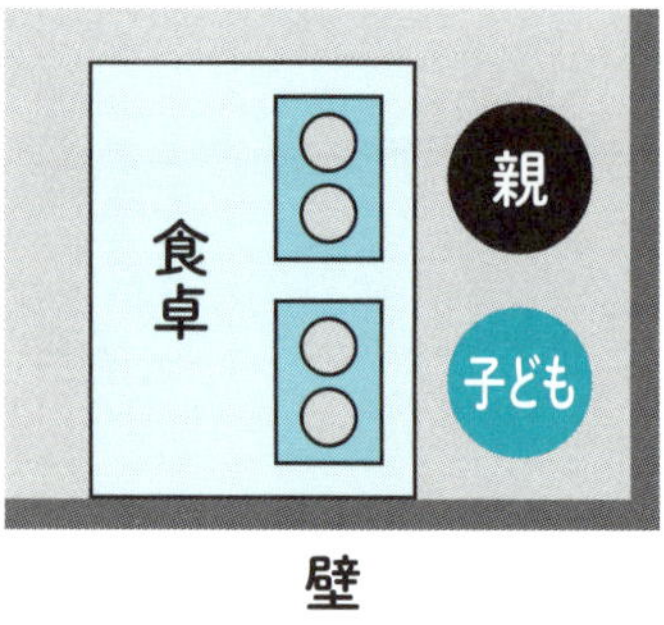

た行動には注目せず（子どものほうを見ない）「ケガをするので下ります」「かっこよく座って食べてほしいな〜」と声をかけて待つか、危なければ下ろします。「ママが見てくれない。つまんない」としぶしぶ座ったら「おっ、かっこよく座れた！」と注目を。

●親のひざの上に来た…子どもにとって登園前の朝食、園から帰ってきた後の夕食は、親に甘えたくなる時間。自分の席で食べてほしいところですが、「甘えたい」という気持ちに時には寄り添ってもいいかなと思います。親のひざに座りながらでも自分で食べられたら「自分で食べているね」と声かけし、しばらくしたら自分の席へ促して。

●食に興味がなさそう…食事の時間がつまらなくて離席する場合は、「大好きなママ、パパと同じ物を食べるって楽しい！」という経験を積ませます。例えば、同じ種類、同じ数のおやつ（子どもが好きな物）を親子それぞれのお皿に盛り、子どもといっしょのタイミングで親も同じ物を口に運び、目を合わせながら「おいしい〜！」「サクサクだね」などと声をかけます（おかずなら、同じ種類で子どもはごく少なめに）。家族でいっしょに食べて共感したり、楽しんだりする経験によって食事の時間が座って過ごすお楽しみの時間に。

悩み

人をたたく、かむ、ひっかく、物に当たる

Advice

「たたきません」と注意するだけで終わらず言葉やジェスチャー、正しい行動を教えることが重要！

人をたたく、かむ、ひっかくなどの他害行為を減らし、正しい行動を増やすための対策をコミュニケーションの発達段階ごとにお伝えします（本の最初のシートでお子さんの今の段階をチェック！）。

種まき期

アイコンタクトなどを使って人と関わる力の芽が出る前なので、言葉で「たたいちゃダメ」「ルールを守って」と言ってもまだ伝わりにくい段階。アイコンタクトの習慣を優先して、めばえ期へステップアップを目指しましょう（P.088、P.156）。

「子どもを公園で遊ばせなくては」と思うかもしれませんが、他の子をたたいたり、押したりして、ママ、パパがイライラして子どもを怒ってしまうぐらいなら、公園を避けるか人の少

ない時間に行けばOK（私も長男が1～3歳ごろは一時も目を離せず、公園が苦手でした…）。他の子と遊ぶ場面では、大変ですがたたく前に相手と距離を取り、サッと別のこと（好きな遊び、おやつ）に切り替えさせます。

めばえ期

言葉が出る前の段階ですが、自分の「NO!」や「要求」の気持ちを「言葉＋ジェスチャー」のセットで教えていきます（P.132、P.165）。

もしも、人をたたく、かみつく、ひっかくなどの行為があったら、あえて目を見ないで冷静に淡々と「たたきません」「かみません」と伝え、行動を止めます。そして、行動の理由を想像して「（首を振りながら）イヤって言うよ」などと教えます。できるだけ、たたく、かみつく前に制止し、「ガマンできたね」「えらいよ」と声をかけることも有効です。

すくすく期～つぼみ期

オモチャを取られて怒ってたたいたのなら、『まだ遊ぶ』って言えばいいんだよ」。負けてくやしいから相手に物を投げたなら「投げません。投げないで『くやしい!』って言おうね」など、子どもの気持ちを考えてシーンに合うセリフを教えます。また、イライラしたら相手から離れる、ママやパパ、先生のところに行く、こぶしをギューッとする、クッションをたたくなど、人をたたく・かみつく・ひっかく以外の代わりの行動を伝えます（P.132）。

普段、落ちついているときから「何があっても人はたたきません。物は投げません。ママとのお約束だよ」と社会ルールを繰り返し伝えましょう。

悩み

きょうだいゲンカでたたく、暴言を吐く

Advice

「お兄ちゃん、お姉ちゃんなんだから」はNGワード！親子の特別な時間で「大好き♡」を伝えます

きょうだいゲンカは、友だちとのやりとりで相手を傷つけない社会のルールを学べる貴重な機会です。上の子が下の子をたたくと親はイラッとして「お兄ちゃんなんだから！」などと頭ごなしに注意してしまいがちですが、たたくのには必ず理由があるはず。子どもの気持ちを言葉にしてあげてから、正しい行動を教えます（P.132）。

そして、きょうだいが互角にケンカし合うようになったら、親はレフェリー役になり、他害行為が出そうなら「たたきません。物を投げません。わが家のルールです」と、いったん止めに入ります。

「たたきません」という親の言葉を子どもが素直に聞けるようになるのには、第1章の肯定的な注目の習慣の基礎があってこそ（P.062）。子どもが成長するとほめる回数が少なくなりがちなので、何度でも基礎づくりを意識してください。子どもと1対1の特別な時間をつくり、抱きしめて「大好き」「いつもありがとう」と伝えるのも◎。

悩み

自分の頭をたたく、床に打ちつける

Advice

安全を確保し、自傷行為には注目しないのが原則。「NO!」の言葉＋ジェスチャーを教えていきます

うまくできないことがあると自分の頭をたたく…くやしくて自分を傷つけたくなるほど、子どもはまじめで正直なのです。頭をたたく、床に打ちつけると親が近くに来て慌てて止めます。つまり、こうした行動は簡単に注目を引ける行動でもあります。自傷行為を減らすには、あえてその行動に注目せず、子どもの目を見ないで後ろから止めたり、床や壁に頭が当たらないようクッションを入れたりして安全を確保しましょう。

そして、ABC分析（P.182）できっかけ、繰り返す原因を考えて、「○○がイヤなんだね（首を振りながら）」など気持ちを言葉＋ジェスチャーで表現する方法を教えます。

会話が難しいASDのお子さんは、他のコミュニケーション手段を探し（文字、写真、絵カード、手話、タイピング、文字盤、アプリなど）、練習をしましょう。自分の気持ちを表現できるようになるには、年単位で時間がかかることもありますが、**子どもは〝伝える力〟を身につけることで自信がつき、自分を傷つける行動を減らせます。**

悩み

座っていられず、園でも立ち歩く、寝転ぶ

Advice

立ち歩いているときは注目せず座ったら目を見てほめるのが効果的！

「立ち歩いてしまう困った子」と子どものせいにするのではなく、「なぜ席を離れて立ち歩くんだろう？」と子どもの行動を分析してみることがポイント。離席のよくある理由と対策をお伝えします！

● ママやパパ、先生に注目してほしいから（注意引き）

この場合、「座りなさい！」と注意をしたり、追いかけて声をかけたりすると「ママ／先生が反応してくれた！」と感じ、うれしくなって立ち歩きは減らせません。立ち歩いても注目をせず、「かっこよく座れる人〜？」「ママ、座ってほしいなぁ」と声をかけて待ち、戻ってきて座れたら「かっこよく座れたね」と注目し、その30秒後にも「座ってるね！」とこまめに注目してあげましょう。

好奇心アンテナでいろいろなものが気になるから

下の図のように、ADHDタイプの子は席が後方で廊下側や窓側だといろいろなものが視界に入って気が散り、後ろにスペースがあるので離席したり、寝転んだりすることもしばしば。

中央の前から2番目あたりの席だと、座るお手本となる前後左右の席の子、指示を出す先生など視界に入る情報が限定され、集中しやすくなります。

注意がそれて先生の一斉指示を聞き逃している場合、先生が「みなさん、○○くん～（子どもの名前）」とひと声かけ、本人と目を合わせてニコッとしたり、うなずくなど注意を引いてから一斉指示を出すとうまくいきやすいです。

座る・待つメリットを感じられないから

ADHDタイプの子は、「座れたら○○で遊ぼう」「待てたらおやつを食べよう」など、ごほうびを伝えるとやる気がアップ。脳を常に使っていたい、暇な時間が苦手なタイプでもあるので、待ち時間に遊べる絵本やオモチャ（シール貼り、迷路、ぬり絵など）を常時用意しておくと○。落ち着かせようとすぐ動画を見せるのは避けて最終手段に。

叱る前に席の見直しを!

後ろ出入り口近くは視界にいろいろなものが目に入り立ち歩きしやすい

中央の前から2番目の席だと先生の話に集中しやすい

悩み

スーパーで走り出す、商品をさわってしまう

Advice

**好奇心旺盛で探検したいのかも!?
スーパーが空いている時間に探検ツアーを**

好奇心アンテナがたくさん立っている子どもにとって、スーパーは「あれは何？」「これも気になる！」と探検したくなる場所。ここでは、コミュニケーションの発達段階に合わせた対策を紹介していきます！

種まき期～めばえ期

「走ってはいけないよ」「さわってはダメ」と言葉で伝えても実感しにくい時期。まずは、第1章の基礎づくりでアイコンタクトを強化し、「ママ、パパの言うことを聞いてがんばるとほめてもらえる（いいことがある）」という経験を積ませましょう（P.062）。同時に、第2章の方法で言葉の理解が進む「すくすく期」へステップアップをめざします（P.156～165）。

わが家の長男も3歳頃まではスーパーで何かを見つけるとダッシュして止まって確認…を繰り返すので、私か夫がついて回っていました。スーパーが空いている時間帯に子どものペースで探検ツ

アーをすると、満足して〝慣れる〟ことで走り出す行動が減っていきました。最初は大変ですが、スーパーに子どもを連れていくのを避け続けるより、徐々に慣れさせたほうが成長につながります。

すくすく期～つぼみ期

言葉の理解が進み、社会でのマナーやルールを伝えていきたい時期。買い物に出かける前に約束をし、ごほうびを決めておきます（イラスト、絵本、文字などで視覚的に伝えると◎）。

①「スーパーではママと手をつないで歩きます。見るだけでさわりません。約束を守れたら最後にお菓子を1つ買います。走ったら、お店を出ます」と出かける前に約束。

②手をつなげたらすぐに「手をつないでくれてうれしいな」「オッケー!」とこまめに注目してほめます。

③商品にさわってしまう前に「見るだけ、見るだけ…」「ガマン、ガマン…」。

④「約束を守ってくれてありがとう! 買い物ができたよ」とほめる&ごほうびで成功体験に。

● 手を振りほどいて走り出しそうになったら、「あれっ、お約束は何だっけ?」と思い出させます。

● もしも、走り出したりふざけたりしたら、約束通り泣いてもお店をいったん出ましょう（大変ですが、余裕の笑顔でがんばって!）。

親が本気なのが伝わると、子どもも親を甘く見ず、変わってくれます!

悩み

指しゃぶり、爪かみをする

Advice

叱らずに、手先を使うオモチャ、タオルなどを渡して他の行動に

子どもが指しゃぶり、爪かみをする理由の一つは「安心感」を得たいから。赤ちゃんの頃からママのおっぱいやミルクを吸い満足したり安心したりする経験を積むため、子どもは本能的に口の中に物を入れると安心するのです。不安、緊張、疲れたとき（入園、進級後など）、寝つくときの指しゃぶりは無理にやめさせようとせず、手持ち無沙汰で何となくしている指しゃぶり、爪かみから減らしていけるといいですね。

- 指しゃぶりは直接注意せず、「どうぞ」と手先を使うオモチャ（指で押す・回すもの、ブロック、感触がおもしろいもの、パズル、塗り絵など）、タオルなどをさりげなく渡します。
- 「〇〇ちゃんの大事な手をキレイにしよう」と指しゃぶり・爪かみ防止専用マニキュア、子ども用ネイルオイルや香りのついたハンドクリームを塗る方法も。いろいろ試してみて。

×NG!…「指を口に入れるのは赤ちゃんだよ」「指しゃぶりしちゃダメ！」と否定する。

悩み

目をつぶるチックがある

Advice

チックが出ても心配したり注目せず ストレスになっていることがあれば減らします

チックには、目をぎゅっとつぶる、まばたきが増える、咳払いなどさまざまな症状があり、「緊張しているとき」だけではなく「リラックスしているとき」にも出ます。**緊張で出るチックが見られる場合、環境の変化（小さな変化かも）、きょうだいや友だちとの関係などストレスになっていることはないか観察。**そのストレスを減らすようにします。思い当たらない場合は、園でもチックが出ているか先生に確認をしましょう。

チックが出たとき「どうしてそんなことするの？」「やめなさい！」と注意をしてしまうと、お子さんがチックを意識して悪化するかもしれません。緊張、もしくはリラックスしているときに出るチックは、どちらも注目せずスルーすることで、自然に症状がなくなっていくこともあります。

暴言を吐いて周りの人をびっくりさせる音声チックなど、生活に支障があるチックが続く場合は医師に相談をしてください。

悩み

イヤがる音がある（泣く、パニック、耳をふさぐ）

Advice

「大丈夫」だけではなく、何の音なのかを具体的に説明。イヤーマフを活用しても

トイレのジェットタオル、赤ちゃんの泣き声、電車、雷、教室や街のガヤガヤ…音に対して耳をふさぐ、泣く、パニックを起こす場合は聴覚に敏感さがありそうです。

経験のある大人は音の正体がわかりますが、小さな子にとっては「急に何の音!?」とわからず怖がるもの。「大丈夫」と伝えるだけではなく、どんな音をイヤがるのかを観察し、その音がしそうな場所に出かけるときは事前に説明してあげましょう。例えば…

●**トイレのジェットタオル**…「あれは温かい風を出して手を乾かすための機械だよ。大きな音でびっくりするかもしれないから、離れたところで手を洗おう」

●**赤ちゃんの泣き声**…「眠いから泣いているのかな。泣き声を聞くのがつらければ離れよう。ママにぎゅーっとしてもいいよ」

長男も小学校低学年のときは、教室の休み時間のガヤガヤした音が苦手でイヤーマフをつけていたことがあります。音に〝慣れる〟ことで今ではつけずに過ごせるように。

悩み

服にこだわりがある（同じ服ばかり着る）

Advice

同じ形で色や柄違いなど、少しずつ変えて服のこだわりをほぐしていきます

子どもが服にこだわる理由を観察して、対応を考えていきましょう。

●**皮膚がデリケートだから**…素材は綿１００％？　足首の締めつけが弱い丈の短いくつ下ならはける？…など探偵のように探って好みの服を分析します。私や長女は服の首や腰にあるタグでかゆくなるので切って着ています。

●**お気に入りの服以外、着たくないから**…同じ形だけど色、柄がちょっと違う服を用意し「洗濯してるから、これを着てくれたらうれしいな」とお願い。「しょうがない。まぁ、これならいいか」と着られたら「ありがとう〜！」とほめて。好きを貫くより、少しガマンするとほめられると学習させ、こだわりを少しずつほぐしていきます。

●**自分で選びたい、みんなと同じ服がイヤ**…おしゃれさんタイプ。子どもの好きを尊重して、例え2歳児でも着たい服をいっしょに買いに行き選ばせるといいかも。

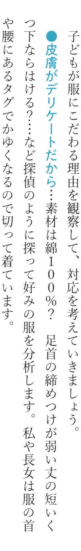

悩み

園で昼寝をしていて就寝が22～23時になる

Advice

昼間、機嫌よく過ごせているなら大丈夫。寝つきをよくする工夫を参考にして

子どもにとって就寝前は「ママ、パパが自分と向き合ってくれる」特別な時間。うれしくて布団の上を歩き回ったり跳ねたりして興奮しちゃうんですね。園の先生に昼間の様子を聞き、機嫌よく活動ができていれば就寝が22時を過ぎても心配しすぎないで。眠くて機嫌が悪くなりやすい場合、先生に昼寝時間を調整できるか相談しても。

寝つきをよくする工夫は、次の方法を参考にしてください。

● 暑くならないよう薄手のパジャマにし、寝室は涼しく

厚手のパジャマを着せたことで体温がうまく下がらず、寝つきが悪くなることも。薄手のパジャマにし、かけ布団で調節を。寝室のドアを開けたりエアコンで室温を調整。

常夜灯も消して寝室を真っ暗にする

スマホやタブレット、ゲームの画面のライトを見ると寝つきに影響するので、できれば就寝の2時間前から避けます。光に対して敏感でわずかな光でも気になる子には、寝室の常夜灯も消して真っ暗に。一方で、真っ暗だと怖がる子には床置き型ライトで対応を。また、寝室を急に暗くすることで興奮する子もいるので、夕食後から照明の明るさを少しずつ落とす方法もあります。

朝まで寝られるように、添い乳を卒業

私も添い乳で子どもたちを寝かしつけていたのですが、夜中におっぱいを探して中途覚醒してしまいますよね。2歳で卒乳するとき、「ママ、おっぱいが痛いからばんそうこうを貼って」と子どもに貼ってもらい、2日ぐらいでガマンして寝てくれるようになりました。

夜中に覚醒したり、突然、大声で泣き出すときの対応をしておく

精神的な不安から寝つきが悪くなり、夜泣きすることもあります。寝る前に楽しかったことの話をしたり、「大好きだよ」と伝えたりしてごきげんな状態で寝られるようにし、泣き出しても見守ります。また、寝室が静かすぎるせいで覚醒につながることも。ホワイトノイズ(さまざまな周波数の音を混ぜた雑音)を試してみて。夜驚症（やきょうしょう）については月に1～2回程度ならさほど心配はありませんが、頻繁なら小児科に相談を。

参考文献／『〇✕ですぐわかる！ねんねのお悩み、消えちゃう本』（青春出版社）、『医者が教える赤ちゃん快眠メソッド』（ダイヤモンド社）

悩み 登園しぶりがある

Advice お迎えのときの子どもの表情がニコニコか不機嫌かをチェック！

「登園しぶり」は発達相談で多いお悩みです。お子さんにとって保育園や幼稚園の環境が合っているかどうかは、毎日のお迎えのときの表情を見て判断しましょう。

● 朝、グズグズで別れても、お迎えのときにごきげんな場合…

登園しぶりの理由として考えられるのは「大好きなママ、パパと離れたくない。甘えたい」ということ。特性の有無に関係なく、入園後や長期の休み明けは登園しぶりになる子が多く、わが家の子どもたちにもありました。登園しぶりが激しかったのはしっかりものの長女で、幼稚園に入園したときはギャン泣きして、慣れるまで2か月かかりました…。

登園しぶりが気になる場合は、次の方法を試してみてください！

① 朝食のとき、子どもがママやパパのひざの上に来たらギュ～ッと抱きしめる。着替えも手伝いながらでいいので肯定的な言葉をかける（P.050、P.106～109）。

② 園に送り、別れるときは目を合わせ、親はニコニコの笑顔でタッチをしてバイバイ（泣いていても笑顔でその場を早めに去ると、子どもも切り替えやすくなります）。

③ お迎えの後は「保育園、がんばったね。おかげでママとパパはお仕事ができたよ。ありがとう」とがんばりをねぎらったり、感謝の言葉を。

登園しぶりが長期間続き、お迎えのときも不機嫌な場合…

お迎えのときにごきげんなら園生活を楽しめていそうですが、いつも不機嫌、帰宅後にかんしゃくを毎日のように起こすのなら園生活でストレスを抱えているかもしれません。園の先生に面談をお願いして、子どもの様子を聞いてみてください。

ルールに厳しく、否定・脅す言葉で圧をかけるタイプの先生が担当だと、子どもの自己肯定感が下がります。乳幼児期は自己肯定感の基礎づくりに重要な時期。不登園、登園しぶりが長期間続くようであれば、思い切っていろいろな園を見学して転園を検討する方法も。

園見学のポイントは…

- 先生たちの笑顔がキラキラしていて、子どもの細かい変化に気づいて声かけし、ほめてくれる。
- できるだけ少人数制のクラス。自由遊びばかりでなく課題活動とのメリハリがある。

不登園に悩んでいた相談者さんの中には、幼稚園の年長で転園をし、子どもを信じて伸ばしてくれる先生と出会って毎日ニコニコで登園できるようになったケースもあります。

悩み

園での集団遊び、行事の練習に参加しない

Advice

特別扱いをせず、見学で参加をさせてもらって先生からときどき誘う声かけをしてもらいます

聴覚過敏があって大人数の演奏や歌、行事のガヤガヤした音などで耳をふさいでつらそうな場合は、部屋を移動させてもらいます。プールをイヤがるなら見学、ちょっとした水遊びから楽しみます。

体調不良や感覚過敏などの理由以外で「やりたくない」と活動に参加しない場合、**部屋で好きな遊びをさせるなど特別扱いしてしまうと「みんなと同じことをしなくても、好きなことができる」と子どもは学習してしまいます。**園生活は、「自由に遊ぶとき」「みんなと合わせるとき」でメリハリをつける社会性を学ぶ場です。参加してもしなくてもいいので見学をさせてもらい、ときどき先生に「やってみる?」と声をかけてもらいましょう。少しでも参加できたことに注目し、ほめることでやる気が出ることも。また、なぜやりたくないのか子どもの行動を観察したり、理由を聞いたりして対応を（例：鬼ごっこが怖い→みんなが笑顔で遊ぶ姿を見学→親子1対1で追いかけっこを楽しむ）。

悩み

運動会、発表会…行事のときに不安で泣く

Advice

当日のスケジュールを文字とイラストで視覚的に説明し、最後にごほうびを

いつもと違う園の行事で不安・緊張が大きくなることによるかんしゃく、パニックを防ぐには、事前にスケジュールを紙に書き（文字、イラスト、写真）、それを見せながら説明してポジティブな見通しを立ててあげましょう。終わった後のごほうびを決めて書いたり、花丸をしてあげたりして、楽しいイメージをもたせます。

さらに、親子のアイコンタクトの力を強化しておくと、運動会や発表会でママ、パパが笑顔で子どもを見るだけで「ママ、パパが笑っているから大丈夫！」と安心できます。たとえ泣いてしまったり、先生の補助があったりしても、「ステージに立てたね」「名前を呼ばれて手を挙げられたね」とありのままの行動に注目し、言葉にしてあげます。

「うちの子だけ、あれもこれもできなかった」と減点方式で落ち込むより、「去年と比べたら、あれもこれも参加できた！」や「ここまでがんばれた！」と加点方式で行事を楽しめると、親子でハッピーになれますよ。

私の子育てEpisode 02

“上の子優先の育児”を反省！長女が幼稚園年中のとき人形遊びで教えてくれたこと

私が子育てで反省していること。それは、言葉の遅れや多動でとにかく手のかかった長男を優先するあまり、妹である長女にほとんど手をかけてあげられなかったことです。

長女が生後間もない頃から1歳までは、片道1時間かけ発達支援に週3～4回通ったので、ひたすら抱っこしかしておらず、その後、大学病院の勤務に復帰して多忙を極めると、保育園に任せきりでお迎えはいつも最後でした。**長女は教えなくても言葉が伸び、指示もしっかり聞け、保育園でも問題なく過ごせていました。唯一の悩みだったのは、私の前でのひどいかんしゃく**…。でもイヤイヤ期だし、と様子を見ていました。

弟が生まれ、長女が幼稚園の年中さんになったある日のこと。長女は買ったばかりの**お人形のMちゃんを床に置き、その周りをぐるぐる回りながら「ママは仕事だから、じゃあね」**と冷たく言い放ちました。そして私に「“ママお願い行かないで、えーん！”ってMちゃんに言わせて」とせがむので、私が「ママ～行かないで～えーん」とMちゃんが言ったふりをすると、長女は満足げに「しょうがないなぁ」と言って抱きかかえる…という流れのごっこ遊びを繰り返したのです。

私は本当にびっくり。**心理学的に人形遊びは自分のトラウマが表現されるので、長女に私はこんなにさびしい思いをさせていたのだ**と驚きました。長男より自分は後回しにされている感覚もあったのでしょう。かんしゃくはその表れだったのです。公認心理師の友人に相談したのち、**スキンシップや遊びなど長女との時間をていねいに過ごすようにして親子の信頼関係を築き直しました。**

長女は小学3年生になり、しっかりもののお姉さんです。弟や兄の（!）お世話までしてくれて本当に頼りにしています。いつもありがとう！

第5章

発達障害→神経発達症の
基礎知識＆子育てマインドをアップデート！

発達特性のある子への視線がポジティブになる医学、発達支援の知識を身につけ、「普通の子がいい子」という考え方をアップデートしましょう！

発達障害は病気なの？

アップデート 1

発達障害（神経発達症）は病気ではなく、脳の発達の個体差により生活で何らかの困りごとを抱えている状態のこと

この世界に自分と全く同じ顔、考え方の人はいませんよね。100人いれば100通りの脳の神経回路パターンがあって、それが多様性をもたらし、人類の進化につながるのだと考えられます。人それぞれ〝違い〟があっても理解しようとコミュニケーションを取り、得意・不得意を補い合って社会はバランスを保っているのではないでしょうか（家族や友人、仕事の人間関係もそうですね）。

そもそも「発達障害（神経発達症）」は病気ではなく、脳機能の発達に関わる生まれつきの特性（特徴、個体差）。社会生活の中で何らかの困りごとを抱えている状態です。

いわゆる発達障害と呼ばれている子、その可能性が多少でもある子たちは、課題を見つけて練習・学ぶことでできることが確実に増え、大人の想像を超えて伸びてくれます。だから、私は「発達の障害ではなく、特性のある子どもたち」と呼びます。

このような子どもの多くは、0歳の頃は目立たないのですが、一般的に言語発達が進

む1歳半~3歳、園で集団生活をする幼児期に発達の「特性」が見えてきます（場合によっては学童期、思春期、大人になってから気づくことも）。

しかし、発達特性は遺伝だけで決まるのではなく、生まれてからの育った環境（家庭、園・学校など）、経験・学習によっても脳の神経回路のパターンは変化。いろいろな要因が絡まり合って特性が表れてきます。

発達特性のある子を育てていると、「なぜ感覚過敏になるの？」「何で多動なの？」「普通じゃない!?」とさまざまな疑問が出てきますよね。わが子であっても親と子どもは別の脳の思考回路をもつ人間。ASDタイプとADHDタイプの発達特性を理解するための考え方のひとつとして、脳の発達の過程で起こる「シナプスの刈り込み」※をアンテナに例えて次のページからご説明します。

複雑に絡まり合って発達特性が表れてくる

※参考文献はP.287へ。

発達特性のある子をアンテナに例えて理解！

人間の脳は、膨大な数の脳細胞同士が細い電線（神経）でつながって複雑なネットワークをつくり、全身に指示を伝達したり、全身から情報を回収したりします。送受信が可能なアンテナの集合体のようなものです。ここでいう「アンテナ」本体は、脳細胞の例え。脳内のアンテナの先端から全身のすみずみに存在するセンサーにまでコードが伸びているイメージです。全身のセンサーからの情報を受信して処理したり、指令を出したりするためには、脳内のたくさんのアンテナ同士をつなぎ、複雑で有用な構造に成長させる必要があります。アンテナ同士の接続部位がシナプス（脳細胞同士の接続部位の名称）。発達特性が関係するもののひとつに、脳の発達過程で起こる「シナプスの刈り込み※」が関わっていると考えられています。

成長した多数派の子は…

赤ちゃん

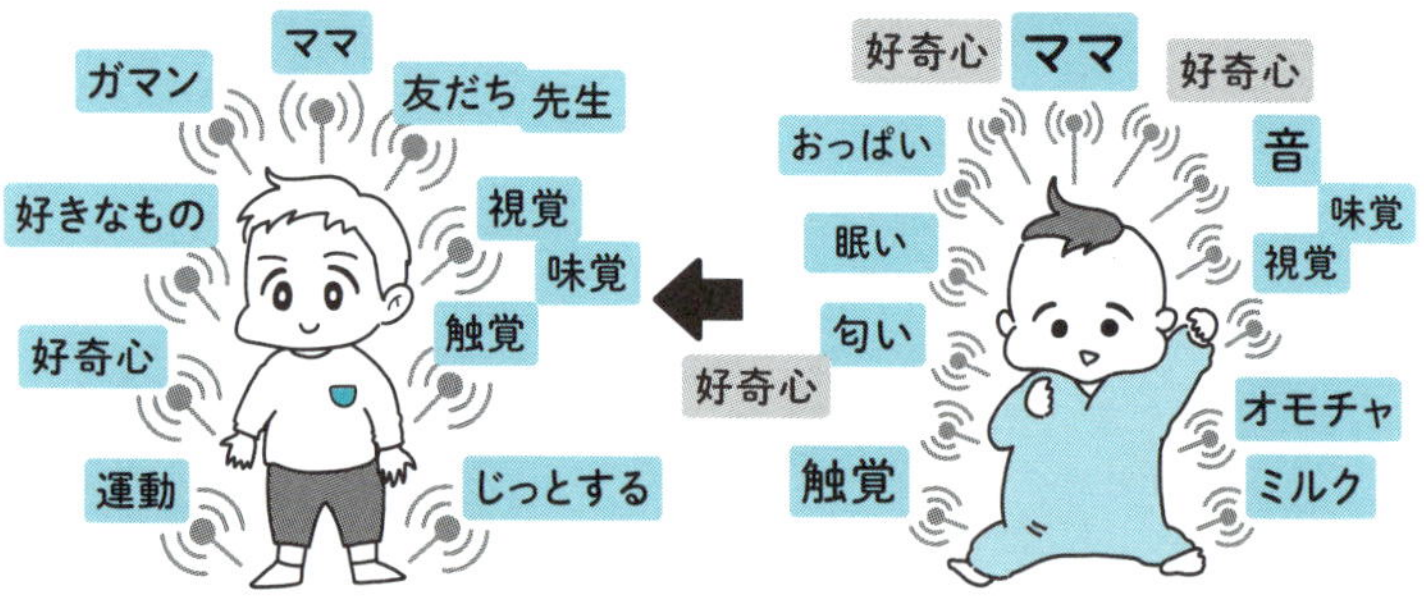

成長とともに生活に必要のないアンテナは小さくなるか接続が消失（シナプスの刈り込み）。必要なアンテナは標準サイズ規格に成長するイメージです。だから、必要以上に情報をキャッチせず、アンテナの切り替えもスムーズ。ただし、バランスがとれているぶん、強みや個性が目立ちにくくなる面も。

生まれたばかりの赤ちゃんは小さなアンテナだらけで、接続の仕方もシナプスの数もバラバラ！　生き抜くために周りの小さな刺激の全てに敏感！　モロー反射、把握反射など無意識に起こる体の反応もあり、いろいろな言語を吸収する能力も。これらは未熟なうちは生存に不可欠ですが、成長とともにジャマで不要になるものも。

※人間の脳内アンテナの総重量は全員同じという前提です。イラストは一例、イメージです。参考文献はP.287へ。

成長した少数派の子は…

ASD タイプ（傾向含む）例

成長とともに生活に不要なアンテナは消えつつも、一部は残るか規格外に成長！　情報のキャッチ力、細かいことに気づく力があり、好きなことはとことん探究する学者さんタイプに。けれど、感覚アンテナが過敏になったり、対人アンテナが小さいままだったりしてコミュニケーションに課題を抱えることも。

ADHD タイプ（傾向含む）例

成長とともに消えるはずの好奇心アンテナがたくさん残るのがADHDタイプ。いろいろ気になって思い立ったら即行動する多動力、アンテナ数からくる好奇心や発想力は、これからの時代に不可欠な能力ともいえます。しかし、幼少期はじっとしていられないために怒られることが多くなり反抗的になることも。

発達障害は治せないの？

アップデート 2

「障害だから治そう」から、弱みと強みをセットで捉えて「特性を活かそう」という時代に

発達障害（神経発達症）は〝治そう〟という考え方から、その子の発達特性を理解して「弱み」と「強み」をセットで捉え、〝活かそう〟という前向きな考え方に変わってきています（P.040）。

近年、世界のビジネス・教育の分野で注目されている「ニューロダイバーシティ」（脳・神経の多様性）という概念を知っていますか？ これは、「脳や神経、それに由来する個人レベルでのさまざまな特性の違いを多様性と捉えて相互に尊重し、それらの違いを社会の中で活かしていこう」という考え方です。

一般的な発達をする、いわゆる定型発達の人たちは「多数派」、発達特性のある人は「少数派」とされています。

この少数派の中に、ＡＩに負けない革新的で創造的なアイデアを生み出し活躍できるような子が隠れています（発達特性がある＝天才ではないですが、何らかの能力を発揮

できる可能性が十分あると思っています)。

特性のある子の子育ては手がかかって大変ですが、私たちはキラリと光る感性の芽を出す種を育てているかもしれないのです! なんだかワクワクしてきませんか?

また、経済産業省でも企業の成長戦略としてニューロダイバーシティを推進。「未来人材ビジョン」※では若い世代に求める能力として、

・「変化を恐れず、新しい挑戦を続ける力」

・「創造力と探求する心」

などが挙げられていて、読み・書き・計算など勉強ができればいい…という昭和時代からの〝いい子像〟から大きく変わってきたことがわかります。

例えば、お絵描きや工作を楽しんでいたら、画材や廃材などを用意して創作しやすい遊びの環境に整えたり、美術館に出かけたり。歌やダンスが好きならミュージカルに行ったり、習い事をはじめてみたり。宇宙に興味をもちはじめたらプラネタリウムに行く、宇宙に関する図鑑や絵本を読み聞かせるなど、子どもの好き・興味を伸ばすために親ができることはどんどんしていきたいですね。

※参考文献はP.287へ

？「発達障害」と聞いてショック…

アップデート 3

医学的な事実！ 国際的な診断基準が改訂され「発達障害」は「神経発達症」に

私は、小児科医なので、0歳児のわが子を大事に大事に育てる親たちをたくさん見ています。ある日、診察室で医者から幼いわが子に対し、「発達障害」の〝障害〟という強い二文字を突きつけられたら、どれだけショックを受け、帰り道で何を考えるのか…。「うちの子は障害児なの？」「生まれつきの治らない障害？」「成長をあきらめるしかないの？」…約10年前、目が合いにくく言葉の遅れがあり、多動な2歳の長男に対して同じ思いを抱いたことがあるため、そのような親の気持ちがよくわかります。

ですが、前述した通り練習を重ねて言葉やコミュニケーション力、集団適応の力が伸ばせる子どもたちです。私自身、発達支援や習い事、園生活などで驚くほど成長する長男の姿も見て、〝不可逆的な状態〟（もとに戻らない）を意味する「発達障害」の〝障害〟の二文字に対し、ずっと違和感をもっていました。

そんな中、国際的な診断基準の診断名に大きな変化がありました。**2013年にアメリカ精神医学会が作成する基準「DSM-5」、2022年にはWHO（世界保健機関）が作成する基準「ICD-11」において、「発達障害」は「神経発達症」に名称が変更されたのです。**

この「障害」が「症」になることは、診察室で診断名を聞く親子にとって、大きな変化だと思います。

日々の子育てがとても大変な中、わが子に「障害がある」と受容して前に進んでいるママやパパがいることも知っています。私は「障害じゃないよ」と訴えたいのではなく、親が前向きに子育てするためのひとつの情報として「神経発達症」と名称が変わった事実をお伝えしています。

5章 基礎知識

国際的な診断基準が改訂！

発達障害→神経発達症に！

2013年 DSM-5（精神疾患の診断・統計マニュアル）

19年ぶりに改訂

アメリカ精神医学会 作成

主に精神科の医師が用いる国際的な診断基準と分類を行うマニュアル。以前は英語の「disorder」が「障害」と翻訳されていました。しかし、診断名に「障害」がつくことは子どもや親に衝撃を与えること、「disability」の「障害（障碍）」すなわち“不可逆的な状態にある”という誤解が生じるため、「障害」を「症」に変更する方針に※。「DSM-5」では旧診断名からの引き継ぎのため、「自閉スペクトラム症/自閉症スペクトラム障害」などというように併記されていましたが、2023年「DSM-5-TR」から「〜症」に表記が統一されました。

約10年後…

2022年 ICD-11（国際疾病分類第11版）

約30年ぶりに改訂

WHO（世界保健機関）作成

全ての疾病が分類されている、国際的に統一された基準。医療機関での診断時、国の統計調査などにも使用されます。この「ICD-11」は「DSM-5」の分類や翻訳が参考にされており、「ICD-11」の神経発達症群では「自閉スペクトラム症」「注意欠如多動症」というように「障害」の二文字がなくなり「症」に変更されました。

現在、日本の発達障害者支援法などの「発達障害」の定義は以前の「ICD-10」をもとに定められており、「ICD-11」の「神経発達症群」の枠組みと異なる部分があります。約30年ぶりに「ICD-11」に改訂されたことで日本ではこれから時間をかけて発達障害の定義が見直されていくと考えられます。

※参考文献はP.287へ。

神経発達症とは?

病気というより、脳機能の発達に関わる生まれつきの特性（特徴、個体差）によって、生活するうえで何らかの困りごとを抱えている状態で、サポートが必要な可能性があります。「神経発達症」は、ASDやADHD、SLDなどを指すグループ名です。

発達特性はある程度、傾向は見られますが、100人いれば100通りで困りごともさまざま。診断名は「子どもの特性の傾向」を知るための参考のひとつと捉え、とらわれすぎないで。子どもを伸ばすには、「○○（診断名）だから」と決めつけず、行動を観察して理由を捉える練習を続けましょう!

おもな3つ

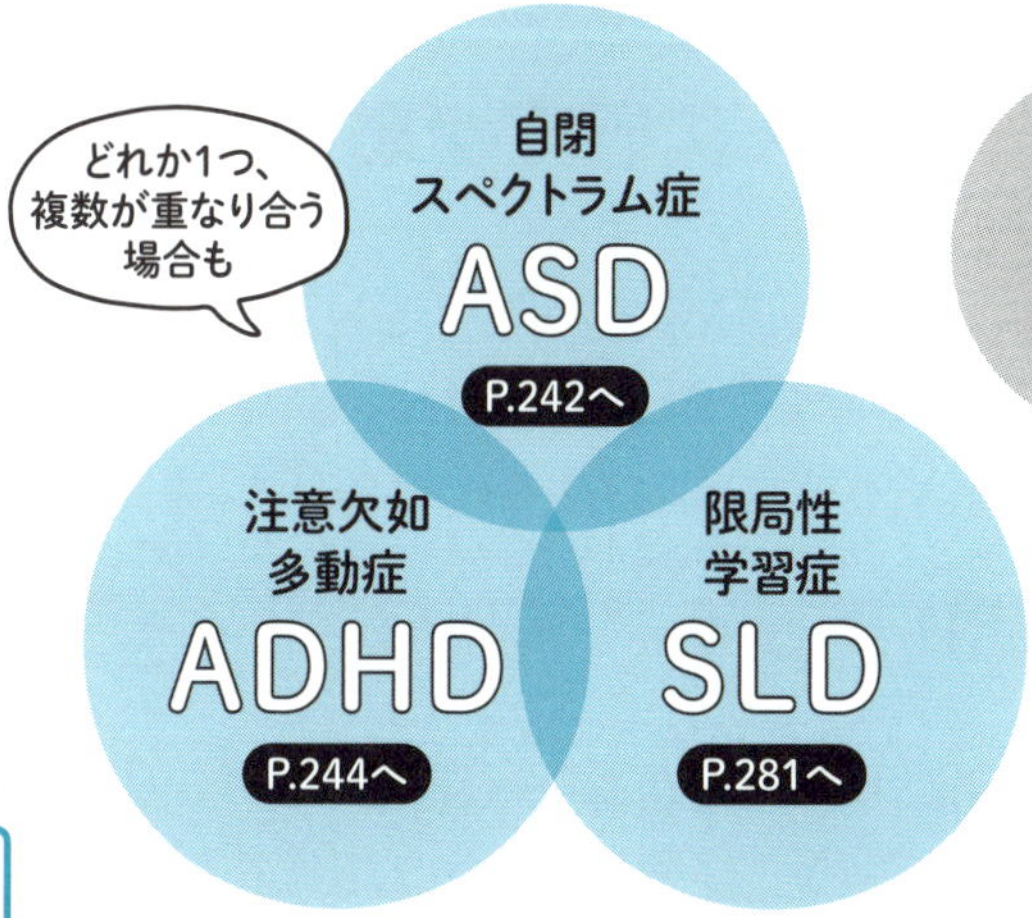

知的障害は、「DSM-5」から「知的発達症」となりました。知的発達症のみの場合、ほかの神経発達症の特徴とあわせもつ場合があります。

自閉“スペクトラム”とは?

ASDの発達特性が薄い～濃い状態の間には明確な境界線はなく、連続体（スペクトラム）の上にあるという考え方。かつては、「カナー型自閉症」「高機能自閉症」「アスペルガー症候群」「広汎性発達障害」などいろいろな名称がありましたが、国際的な診断基準の「DSM-5」（2013年）、「ICD-11」（2022年）で、「自閉スペクトラム症（ASD）」に統一されました。

ASDタイプの特徴

自閉スペクトラム症

●人とのやりとり（コミュニケーション）で課題を抱えやすい

➡（目を見ると緊張しやすい、相手の気持ちを想像するのが苦手など）

●好きなパターンがはっきりしている

➡（同じ動作や話し方のルーティーンがある、興味の範囲がせまくて深掘りしやすい）

●感受性が豊かゆえに感覚が敏感、または鈍感

➡（例…敏感さ：手に何かつくのをイヤがる
鈍感さ：暑いはずなのに服を脱がない、など）

- 100人いたら100通りの特性があり、その程度（特性の強さ）はさまざま。
- 1歳6か月頃から目が合いにくい、親に頼らない、指さしをしないなど医学の教科書にあるASDの特徴が目立つ子は、3歳頃までに診断がつくケースがあります。
- 診断を待たずに早期介入をして伸ばしていくことが重要。
- 言葉の遅れがない場合、園・学校での集団生活で課題が見つかりASDとわかる場合も。
- ADHDの特性をあわせもつことも少なくありません。

ここが強み！

- 正直者（ウソがつけない）、まじめ、正義感が強い、やさしい、繊細。
- 好き、興味のあることはとことん探究。
- 空気を読まずにアイデアを出せる。
- 感受性が豊かで芸術、音楽などで独創的に表現。

ASD タイプの 苦手・困りごと対策一覧

人と目を合わせるとそらす（緊張しやすい）

- 子どもと目が合ったらほほえんであげたり、スキンシップを増やしたりして「目が合う+HAPPYな感覚」をセットでたくさん経験。
- 子どもの要求には少し待って、目が合ってから笑顔で応じる。（何かお願いするときは目を合わせる、と覚えさせる）
- 大きくなったらお話しするときに目ではなく相手の眉間を見る裏ワザを教えても。

言葉の表出が遅め

- 焦らず、非言語コミュニケーション（視線、身振り手振り、指さし）を使う練習を。
- 音声言語（話す/聞く）と同時に、早めに文字も教えていく（読めると語彙が増えることも）。
- 文字や絵のカード、シンボルなど視覚的情報もいっしょに使っていく。

相手の気持ちを想像するのが苦手

- 絵本などで「こんなとき相手はどんな気持ちかな?」といっしょに考える。
- 「こういうとき、〇〇と言えばいいんだよ」と生活の中で適切な態度、言葉、社会のルールを教え、使えるようにしていく。

あいさつが苦手

- 親がお手本を見せ、子どもはペコリと頭を下げる、バイバイの練習から。
- 園や近所の人などにあいさつする練習。（わが家の子どもたちはラーメン屋で店員さんに「ごちそうさま」を言う練習をし続けたら、あいさつ上手になりました）

つい一方的に話してしまう、待てない

（P.245の「ちょっと待つ、ガマンが苦手」も参照）

- 「ちょっといい?」「話してもいい?」と相手に聞いてから話すルールを教える。
- 子どもが親を見ず一方的に話し続けたら、あえて相槌をやめ、つまらなそうにする。子どもが気づいたら「ママは今、どう思ってるかな?」「相手の表情を見てお話ししよう」などと教える。

いつもと違う状況になると不安になる

- 予定を事前に説明する（言葉+文字や絵、動画など視覚情報をセットに）。

ADHDタイプの特徴

注意欠如多動症

不注意

➡（活動に集中できない、気が散りやすい、物をなくしやすい、順序立てて活動に取り組めないなど）

多動・衝動性

➡（じっとしていられない、静かに遊べない、待つことが苦手で人にちょっかいを出してしまうなど）

- 特性の有無に関係なく子どもの多動性は2歳頃から徐々に見られ、5歳頃がいちばんちょろちょろ動く時期と思ってください。
- 「不注意、多動・衝動性の特性が強く出ていて対人関係、学業など生活に支障が出ている」「2つ以上の状況（家庭、学校など）で6か月以上続いている」「症状のいくつかが12歳以前にはじまる」など、生育歴、行動観察などから診断がつく場合もあります。
- 小学校に入る頃になるとADHDの子は集中して字が書けない、読めないケースもあり、限局性学習症（SLD）と誤解されることも。
- 不適切な養育環境（虐待）、ゲーム依存などにより多動や衝動性などADHDと似た特徴が出ることも。

ここが強み！

- 衝動性は「情熱的」、多動性は「行動力」に言い換え強みにしたいところ！
- 頭の回転が速くて好奇心のアンテナだらけ。
- 疲れ知らずで、好きなことには過集中。
- フットワークが軽く、気分転換が得意。
- ASDの特性もバランスよく持ち合わせる子は、周囲から「すごい！」と言われるタイプになるかも。

ADHDタイプの苦手・困りごと対策一覧

切り替えに時間がかかる、注意が反れやすい

- 子どもの視界に入って目を合わせてから、ゆっくり短い言葉で指示を出す。
- 「○時になったらテレビを消して着替えよう」など事前に予告。
- 課題（宿題など）に取り組むときは、周りを片づけて視覚刺激を減らす。
- 「今、何をするときかな?」と聞いたり、物を指さししたりして本人に気づかせる。

めんどうなことをやりたがらない

- 日頃から小さなお手伝いをお願いしてほめる（「がんばるといいことがある!」と学習）。
- やるべきことを細かく分け、こまめに達成感を味わえる状況にする（宿題が全部で10問あるなら、2問ずつできたらマルつけするなど）。
- がんばった後のお楽しみを設定（おやつ、動画、遊びタイムなど）。

立ち歩く

- 体幹が弱い場合は、まずは毎日イスに座る練習をする。目の前にタイマーや砂時計を置き「まずは30秒座れたらほめる」からはじめて、30秒、1分、3分…とゲーム感覚で少しずつ時間を長くしていく。座っていれば、何かを見たりいじったりしてもOK。体育座り（三角座り）やバランスボールでの練習もGOOD（その他P.210、P216）。

ちょっと待つ、ガマンが苦手

- 砂時計やタイマーを渡して「ちょっと、○分、待っていてね」と伝えて、“ちょっと待つ”の時間的感覚を学ばせる（最初は30秒から）。
- 「待っていてくれてありがとう!」「待てたね!」「ガマンしたね」とがんばりを認める。

衝動的に走り出す、手が出る

- 危険行為や他害は、その場で制止。怒りたいのをぐっとこらえて、淡々と冷静に「走りません」「たたきません」と上手に叱る。
- ABC分析できっかけや繰り返す原因を考えて対策を立てる（P.182）。
- 事前に約束して守らせ、ガマンできたことを認めてほめる。

? ＡＳＤは〝自閉〟と書くから心を閉じてるの？

アップデート 4

それは誤解！　ＡＳＤの子はやさしくて感受性が豊かで家族のことが大好きです

ＡＳＤ（Autism Spectrum Disorder）は、日本語では「自閉スペクトラム症」。〝自閉〟と漢字で表現されるので、「自分の心を閉じているの？」と誤解されがちです。

実際に会話がまだうまくできないＡＳＤのお子さんと接しているママやパパはそう感じることもあるかもしれません。あるいは「全然そんなことないよ！」と感じている方もいると思います。**ＡＳＤの子は、やさしくてまじめ、ウソがつけなくて素直。**人の気持ちを自分に置き換えて想像するのは苦手ですが、**泣いている子がいると自分も悲しくなる感受性が豊かな一面も。そして、家族（特にママ！）が大好きな子どもたち**です。

また、自閉症については「親の育て方、愛情不足のせい」と誤解されていた時代があります。約40年前、私の母は周囲から姉が普通の子と違う理由を「育て方のせい」「もっと抱きしめてあげなさい」と言われていたそうです。最近でも、あるＡＳＤのお子さんのママが、祖父から「自閉症はあんたのせいだ」と言われたと落ち込んでいました。
その誤解がどうして生まれたのか？　謎を解くために、約80年前から続く医学とASDの歴史を説明しますね。

1943年、アメリカの精神科医レオ・カナー氏が論文で、極端に人から離れて他者に関心がない11人の子どもたちを「早期幼児自閉症」と報告し、世界中で注目されました。カナー氏が自閉症は母親からの愛情不足が関係していると世界中に向けて発信して以降、**自閉症児を育てる親は傷ついて偏見と差別に苦しむことになった**のです。

そして**1960年代には研究が進み、母親の愛情不足という説が否定されはじめて、1969年にカナー氏は自説を否定。**しかし、現在も「自閉症は親の育て方のせい」という誤解が残ってしまいました。

ASDのメカニズムは明確にはわかっておらず、特性は遺伝や環境などさまざまな要因が絡まって出てきます。大切なのは、その子の特性を理解したうえで、困りごと・課題に対して何ができるか、どうすれば伸ばせるかを考えることです。

?ADHDの子は集中するのが苦手?

アップデート 5

好きなことには過集中できる特性があり疲れ知らずの行動力があります

着替えようとしていたのに別の物が目に入って違うことをしはじめた。急にスイッチが入ったようにテンションが上がって多動になった。ADHDタイプの子の子育てでは「なぜ!?」と思う行動が多いのではないでしょうか。

P.234で脳のシナプスの刈り込みが関係している説をお伝えしましたが、ここではADHDについての近年の研究で注目されている、脳のネットワーク機能に関する仮説[※]を紹介します。

私たちの脳は次の3つのネットワークが関連し合って働き、何かに集中したり、休んだり、切り替えをしてバランスを取っているといわれています。

①デフォルトモードネットワーク(ぼんやり考えているとき、落ち着いているとき)

②中央実行ネットワーク(課題に集中して取り組んでいるとき、ワーキングメモリーを使って作業)

※参考文献はP.287へ。

③顕著性ネットワーク（①②の切り替えを助けるネットワークで、外部からの刺激に対する注意を調整）

ＡＤＨＤは、「デフォルトモードネットワーク」が過剰になるか低下して「中央実行ネットワーク」への切り替えがうまくいかないことで、不注意や衝動性といった特徴に関連するという仮説があります。

この脳のしくみを知ると、「今はまだデフォルトモードなんだ」「中央実行モードに切り替わった」と、ＡＤＨＤタイプの子の行動を冷静に観察できそうですね。

好奇心アンテナがたくさん立ち、何もしていないときも常に何かを考え、アイデアを出す力があるのがＡＤＨＤタイプ。興味がないことにはパッと切り替えて取り組むのが難しいのですが、大好きなことには過集中モードになり、それが勉強に向くと得意になります（実際に、情熱的で行動力のある経営者、政治家などにはＡＤＨＤタイプの人も）。

ＡＤＨＤの子は不注意、衝動性、多動性といった発達特性から注意されたり怒られることが多くなりがち。最大の課題は自己肯定感の低下による二次的な問題（心身の不調、不登校、ひきこもり、暴言・暴力など）を防ぐこと。そのために、幼児期から親は肯定的な注目を与えてほめる、心の基礎づくりをしておくことが重要です。

発達支援（療育）は専門家にしかできないの？

アップデート 6

発達支援（療育）は専門家だけではなく、親や園の先生が実践して子どもを伸ばせる時代に！

「療育」とは、子どもの発達特性を理解した大人が、子どもの自己肯定感を高めながらコミュニケーションや社会適応のスキルなどを練習する場所（方法）のこと。子どもは発達支援の専門家（公認心理師、臨床心理士、言語聴覚士、作業療法士など）からレッスンを受けられ[※1]、親は子どもへの接し方を学んだり、困りごとを相談したり、同じ子育ての悩みをもつ親同士がつながれる場でもあります。

しかし、「週1回、月数回の療育で足りているのかな？」「仕事があって療育に通わせることができない」…というママ、パパもいるのではないでしょうか。

「療育に通わせて、発達支援の専門家じゃないと子どもを伸ばせない」というわけではありません。子どものいちばん近くで長く過ごしているのは家族であるママ、パパ。日常生活での親子の自然なやりとり、遊びの中にこそ、言葉やコミュニケーション力を伸

※1：人材不足や人件費の都合で、公認心理師、臨床心理士、言語聴覚士、作業療法士など専門資格をもたない指導者がレッスンをしている場所もあります（見学の際に確認を）。
※2：参考文献はP.287へ。

ばすチャンスがたくさんあるのです。

実際に、**発達特性のある子を伸ばす方法は、1歳前後のごく早期から「遊び、アイコンタクト（共同注意）」「親子関係」を最重要視する時代に突入**しています。

現在までの療育の基礎となっている心理学をもとにした方法が、1960年代にアメリカではじまったABA（応用行動分析）です。

2010年代からは、ASDの子どもの早期介入は親への指導が重要で効果的だという研究[※2]結果が報告され、近年ではABAが進化し、親が実践できるさまざまなプログラムが登場しています。

さらに、発達特性のある子の親が学んで子育てで実践できる「ペアレント・トレーニング」「ペアレント・プログラム」なども注目されています。

この本は、こうした最新の発達支援、ペアレント・プログラムなどのエッセンスを取り入れ、未就学児のお子さんの子育てで実践しやすいようにまとめたものなので、安心して参考にしてくださいね。

発達特性のある子は習い事をあきらめたほうがいいの？

アップデート 7

そんなことはありません！　幼児教室、英語、運動、音楽…習い事は発達特性の有無に関係なく子どもが学べる場です

「発達特性のある子は療育に行くもので、習い事はあきらめなければいけないのでしょうか？」という質問を受けることがあります。私はさまざまな療育施設、幼児教室や習い事で先生たちのレッスンを見学してきましたが、**「子どもの可能性を信じ、自己肯定感を高めて伸ばす」**という基本は共通しています。習い事は発達特性の有無にかかわらず、相性がよければ子どもが成長できる場として期待できます。

ここからは、私の長男の子育ての経験談になりますが、参考になれば幸いです。

長男が幼稚園年少のとき、地方の幼児教室に通っていたことがあります。他の子はちゃんと座れているのに長男だけが立ち歩いていたので、毎回心が折れそうになるぐらいつらかったのですが…。でも、その幼児教室の先生は**満面の笑みで子どもの小さなリアクション、目の輝きの変化にもすぐ反応して飽きさせない声かけ**をしてくれ、長男は少

しずつ参加を続けてくれました。親が気づけない得意なことや苦手なことも明確になり、子育ての参考になるよい時間になりました（本当にステキな先生だったので続けたかったのですが、東京に戻ることになってやめることに）。

また、長女の育休中、長男（当時4歳）は発達支援（平日・週3〜4回）に通っていたこともあります。ですが、育休が終わり大学病院のフルタイム勤務の復帰で、どうしても通えない状況になりました。そこで、仕事が休みの土曜日にレッスンを受けられる少人数制のお受験教室に通うことに。その教室の先生たちは指導にメリハリがあって小学校生活に向けて長男の集団適応の力を伸ばしてくれました。例えば、体操のレッスンでは、室内にトランポリンなどの運動器具がサーキットで置いてあり、**レッスンがはじまる前に体を自由に動かせるようになっていて、子どもたちは先生と楽しそうに冗談も言い合っておしゃべり。でも、いざレッスンがはじまると子どもたちの注意が向くよう、先生方はピシッとメリハリをつけていました。**

小学校生活に向けて集団適応の力を伸ばしたい場合は、幼児教室やお受験教室など子どもに合う環境を探して学ぶ選択肢も。他にもいろいろな習い事を見学・体験してみて、先生が笑顔で子どもたちをほめているか、子どもたちの表情がキラキラしているか、終わった後のわが子の表情もチェックし、通わせてみるかトータルで判断してください。

わが子が「知的障害をともなうASD」と診断されたら…

発達相談では、「知的障害」という言葉に引っ張られて「この子は何もわかっていないのでは」と思い込み、沈んだ表情になっているママもいます。でも、**「しゃべれない＝わかっていない」ではありません。**お子さんの日常の様子がわかる動画を見せていただくと、会話ができなくても一生懸命にアイコンタクトやジェスチャーでママやパパの声かけに反応できていることが多いのです。「いろいろなことが理解できていますよ」とお話しすると、親だけではなく子どもも本人の表情も明るくなります。

コミュニケーション手段は、会話だけではありません（P.150）。アイコンタクトの強化、ジェスチャーなど非言語コミュニケーションでの要求、NO・YESの意思表示、文字を教えて使うなど、できることはたくさん！（P.156〜）。子どもの視線、表情、動作…やりとりのわずかな反応のサインを見逃さないようになると、「この子はわかっているんだ！」という喜びを感じられるはずです。

幼児期に言葉の遅れがある子の発達（知能）検査の心構え

幼児期の発達（知能）検査は会話力が影響するので、ASDの特性が強く、言語発達がゆっくりな子は答えられず、知能指数（IQ）の数値が低く出ることがあります。でも、「会話ができない＝わかっていない」ではありません。検査はその子の“知能”の全てを測れるものではなく、そのときの状態を切り取ったもの。子どもは知らない人、場所では緊張して本来はできる課題に答えられないこともあります。検査の結果は「課題や支援のポイントを見つけるための参考のひとつ」と捉えてみてください。

幼児期は言語能力や社会適応の力が大きく伸び、成長とともに検査結果が変わることもある時期。先天的な疾患などが関わっていることもありますが、幼児期に「知的障害合併のASD」と断定するのは難しいと思っています。本当に知的な発達の遅れがあるのかは、就学前、学童期と定期的に検査を受け、慎重に見ていく必要があります。

知的発達症とは？

知的能力の発達が同年齢の人と比べてゆっくりで、生活に困りごとを抱えている状態のこと。個人差が大きく、知的発達症のみの場合、ASD、ADHDなどをあわせもつ場合も。各種検査の知能指数（IQ）や発達指数（DQ）、日常生活能力の評価、生育歴、行動観察などをもとに診断されます。以前はIQは70〜75未満が目安でしたが厳密な境界線はなく、最重度から軽度までさまざま。検査の数値はその子の人格や能力全体を正確に評価するものではありません。発達がゆっくりのお子さんも、個々に合わせて練習して学ぶことで成長する力をもっています!!

中度〜重度の自閉症の会話ができないお子さんを育てているママとパパへ

私は、最重度の知的障害合併の自閉症（カナー型自閉症）[※1]と診断された姉のきょうだい児として育ち、苦労する母の姿を見てきました。この本を読んでくださっているママやパパは、お子さんとのコミュニケーションがとても難しく、毎日の子育てで大変な苦労をされていると思います。私は、そんなママやパパといっしょに解決策を考えたくて発達専門の小児科医になり、現在のママ友ドクターの活動をはじめました。

ここでお話しすることは私の個人的な経験談と考えであり、必ずしも医学的に立証されていることではありません。そのことを踏まえて、参考のひとつとして読み進めていただければうれしいです。

幼少期の私にとって姉は憧れの存在で「理解しているのにうまく話せないだけ」と感じていました。しかし、私も成長するにつれ、周囲の大人たちが言うように姉は物事の

※1：カナー型自閉症は以前の診断基準（DSM-5より前）の分類・呼称で、現在はASD（自閉スペクトラム症）に統一されています。
※2：出典／『自閉症の僕が跳びはねる理由』（KADOKAWA）

理解がほとんどできていないのだと思うようになり、そのまま医師になりました。

ところが約8年前、長男と同じ発達支援に通っていた、重い自閉症を抱えているSくん（当時6歳）と出会ったことがきっかけで、考え方が変わりました。

Sくんは、くるくる回ったり、ぴょんぴょん跳ねたりしていて、私は「小さい頃の姉にそっくりだ！」と思いました。

Sくんのお母さんは、私に東田直樹さんの著書『自閉症の僕が跳びはねる理由』（KADOKAWA）、イド・ケダーさんの『自閉症のぼくが「ありがとう」を言えるまで』（飛鳥新社）をすすめてくれました。

この本を読み、さらにNHKで東田さんのドキュメンタリー番組を観てものすごい衝撃を受けました。画面越しに見える東田さんの日々の様子は、かつての姉にそっくりでした。けれど、東田さんは文字盤やタイピングを駆使して自分の意見をたくさん述べていたのです。医学の常識では説明できない自閉症の姿でした。

東田直樹さんは、著書の中で「年齢相応の態度で接して欲しいのです[※2]」と述べています。約30年前の幼少期、姉があのとき周囲にそう伝えたくても伝えられず苦しんでいたのかもしれないと思うと、私の心は張り裂けそうになりました。

Sくんは、小学生になって筆談、文字盤、タイピングを練習し、意思疎通ができるようになりました。小学校ではお母さんがスクールシャドー※としてサポートしながら特別支援学校ではなく近くの小学校の支援級で学び、小学6年生になる頃には授業中はタブレットを使ってタイピングで発言し、冗談を言ったりして先生を笑わせていたそう！

現在、Sくんは中学生で、高校進学に向け定期テストをキーボードで受けたり、どのような進路に進むべきか、障害を抱える大学生のアドバイスを受けながら考えているそうです。私は彼が学び、文章で表現を続けて東田直樹さんのように世界を変える人になってくれるのでは、と期待しています。

スマホやタブレットを1人1台持つ時代になってSNSでの発信が広がり、医学的には重度の知的障害をもち、幼児レベルの知能とされるASDの方たちが、自分の気持ちや考えをタイピング、文字盤などのツール使って表現し、コミュニケーションをとって年齢相応の学習に取り組んでいる様子の動画が公開されています。アメリカでは高等教育を受けて卒業した方も多く紹介されています。

※スクールシャドーとは、親やセラピストが幼稚園や保育園、学校など集団生活の場でシャドー（影）のように寄り添って学習などをサポートすること。

会話がうまくできず（現状では知的障害と決めつけられてしまう）、重い自閉症を抱える子は一定数います。自分の気持ちが伝わらないことに苦しまず、家族や先生や友だちに意思表示をし、必要な知識をきちんと教えてもらえるように、**非言語コミュニケーションの理解と練習を進めたり、口頭による言葉のやりとりにこだわらず、先を見据えて文字のやりとりを教えていく**など、これからできることはあります。

私の姉の幼少期と違い、今はインターネットで情報を得やすくなりました。「話す」以外にも絵カード、文字盤、タイピング、手話などさまざまな角度からそのときのお子さんに合うコミュニケーション方法を探し、書籍や講習会（オンラインで海外の講習も受けられます！）で親が自ら学んで実践できる時代です。

とはいえ、正直Sくんのように文字で自分の気持ちを表現できるようになるまでには何年もかかり、家族や支援者の根気強い工夫と苦労があるのですが…。

私は、現在の診断基準では**重い知的障害をもつと診断される自閉症の子どもたちを、〝Precious（貴重）な存在〟だと捉え、これからの時代は彼らのもつポテンシャルと可能性をあきらめず、応援していきたい**と思っています。

外出中の子どものグズグズ！「すぐスマホ」とならないために小児科医ママが工夫していること

乳幼児期から動画やゲームなどメディアに長時間ふれる生活を送ると、睡眠不足・落ち着きがない・イライラしやすい・攻撃的・急性内斜視・（ヘッドホン長時間利用による）難聴など、さまざまな心身への悪影響のリスクがあるとされます。私は小児科医としても乳幼児メディアアドバイザーとしても、子どもがグズッたとき、すぐスマホを与えてほしくない考えです。

とはいえ、忙しいママ&パパは、子育てでメディアデバイスに頼る時間をゼロにはできないですよね。そこで私自身は、電車や新幹線での移動中や外食の待ち時間などに次のような「暇つぶし作戦」で、子どもにすぐスマホを渡さないようにしています。

まず、100円ショップで、シール、パズル、迷路、折り紙、スライム、ぬり絵（水で落ちるマーカーがおすすめ）、あやとりの紐（年長〜）、書店で小さい持ち運べる絵本、雑誌など、子どもにとって目新しいオモチャや本を買って外出時にいくつか持っていき、下記の作戦❷で使います。

❶ 最初に、子どもが持参したスタメンの好きなオモチャで飽きるまで遊ぶ。
❷ 100円ショップの新しいオモチャを出し、いっしょに遊んであげる（1つ5分しかもたなくても、5つぐらい用意すれば時間がかせげるのでOK!）。
❸ ②のネタが切れたら絵本やおやつタイム。
❹ アニメ、映画をいっしょに観る（DVDプレーヤーなど、オフラインが理想。無理ならせめて大きめ画面のデバイスを使って）。
❺ 最後の手段で、スマホを渡してYouTubeの動画。

以前、待ち時間にオモチャがなかったとき、紙袋をボールにしたら、わが子が大喜びしてました。ちょっとした工夫でいいのです。

また、外遊びでたくさん体を動かしたり、手遊びなどふれ合い遊びをしたり。お出かけして親子のリアルな体験を重ねることで、子どもの「好き・興味」を探せるし、幼いうちからメディアデバイス依存にならない健康な心も育てることができますよ。

第6章

発達特性のある子のための

小学校の入学準備&学習対策

年中〜年長さんになると気になる就学先選び。親子で自信をもって入学式を迎えられるよう、入学準備の流れ、学習対策のポイントもお伝えします!

通常学級、通級、支援級、特別支援学校…就学先の種類とサポート方法を知ろう

次のページは、就学先のおもな種類、サポートの方法です。自治体、学校によって特別支援教育への力の入れ方が異なるので、いろいろな学校を見学してみましょう（P.268）。就学先選びで失敗したくない…とプレッシャーを感じるかもしれませんが、入学してみないと子どもが担任の先生や友だちとうまくいくか、学びやすい環境かわからない部分もたくさん！　入学した学校、学級にずっといなければいけないわけではなく、子どもが伸び悩んだり環境が合わなかったりした場合は、転籍、転校するケースもあります。例えば、聴覚が敏感で大人数でガヤガヤしている通常学級がどうしても合わず、少人数制の支援級を子どもが自ら希望して転籍し、落ち着いて学べるようになったケースも。また、支援が手厚いからと特別支援学校に入学したけれど、どうしても合わなくて小学校の支援級に判定を変えてもらった珍しいケースもありました。入学後も自己肯定感を保って学べているかをチェックし、先生と連携を取っていきましょう！

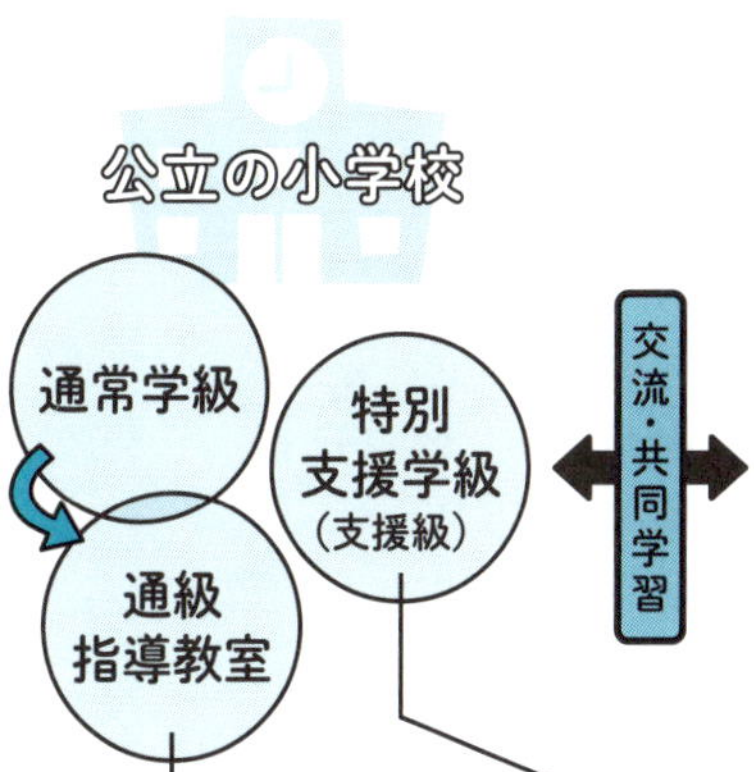

特別支援学校 小学部

1学級6人以下。「個別の教育支援計画」と「個別の指導計画」を立ててもらい、特別支援学校教諭免許を持つ先生から指導を受けます。食事、着替え、トイレなど介助を受けながら練習してできることを増やし、社会でのコミュニケーションスキル、国語、算数なども学びます。小学校と行事などで交流をすることも。

●通常学級 通級指導教室

低学年は1学級35人以下。

「通級指導教室」（通級）は、通常学級に在籍しながら一部の授業を通級指導教室に移動して学ぶ方法で、「個別の教育支援計画」と「個別の指導計画」を作成してもらい指導を受けます。

交流・共同学習

●特別支援学級（支援級）

1学級8人以下。個々に作成された「個別の教育支援計画」と「個別の指導計画」をもとに指導を受けます。特別支援学校教諭免許がなくても小学校教諭免許があれば支援級の担任になれます。通常学級と授業や行事でどれぐらい交流・共同学習しているかは学校によって異なるので、学校見学で確認を。

通常学級や支援級での加配、補助の方法

● **特別支援教育支援員**…担任の先生と連携し、サポートが必要な子に身の回りのことや、教室の移動補助の介助、学習活動を補助（教員以外のことも）。

● **スクールシャドー**…親かABAのセラピストが影（シャドー）のように近くについて介入が必要なときのみサポートする方法。欧米で取り入れられている方法で、日本ではまだ一般的ではありません。

就学後、学校のことについて相談したい場合

● **特別支援教育コーディネーター**…保護者の学校に関することの相談の窓口になり、校内の教職員、校外の専門家・関係機関との連絡、調整をする先生。

他の学び方も！ 学ぶことが好きで尖った個性がある子は、個性を尊重する校風の私立小学校で学ぶ選択肢も。また、やむを得ず学校に登校できない子どもに対し、2019年、文部科学省はフリースクールや自宅でのICTによる学習で出席扱いにする制度を発表しました。※ 学ぶ場所はさまざまです。

※参考：不登校児童生徒が自宅においてICT等を活用した学習活動を行った場合の指導要録上の出欠の取扱いについて（文部科学省）

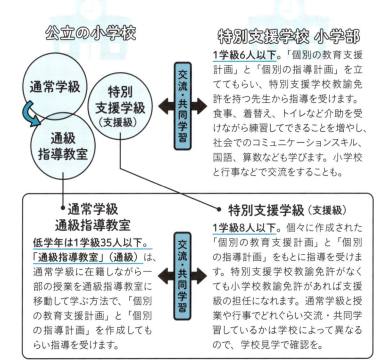

就学先選び＆入学準備のスケジュール

年中　年長

4月　5月　6月

園の先生と面談して
集団生活での様子を聞き、
それをもとにおうちで練習

P.266へ

就学先に迷う場合、
発達や知能検査を受けて
参考のひとつに

P.267へ

学校、学童、放デイに
問い合わせて
見学スタート

P.268へ

入学準備

生活

- トイレ
- 着替え
- 食事など

P.272へ

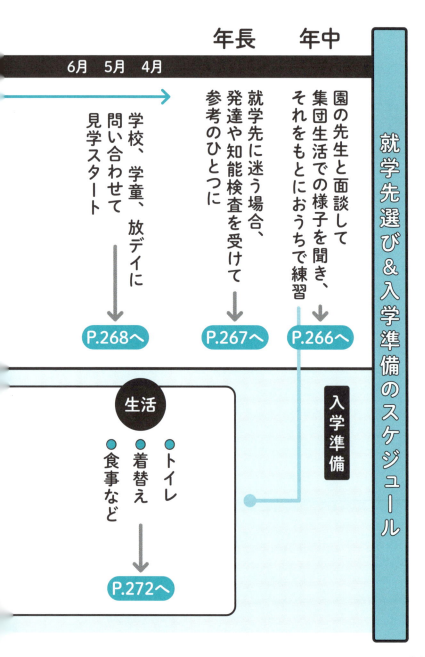

7月	8月	9月	10月	1月	2月	3月

就学相談を希望する場合、
自治体に申し込む（4月～秋）

就学時健診（10～11月）

就学通知書が届く（1月中～下旬）

通常学級に決まり
先生に配慮をお願い
したい場合は学校に
手紙を提出（2月～3月上旬）

P.270へ

学習

●文字を読む、
運筆練習
↓書く練習

P.274へ

●文具の使い方に
慣れておく

学校のホームページなどを見て
学校生活のイメトレ（1月～）

親子で何度も
通学路を歩いて
登校練習をする

P.273へ

年中〜年長さんは、食事、着替え、トイレ…練習しながら就学先選びに向けて動き出そう！

●園の先生と面談して集団生活での様子を聞き、おうちで練習

小学校は、**「集団&個別指示を理解して実行できるか」「トイレ、食事、着替えがひとりでできるか」**が就学先選びのひとつの目安になります。小学校、特別支援学校のどちらの希望であっても「発達特性があるからできない」とあきらめず、練習してできることを増やしていきましょう（年長さんも半年あればぐんと伸ばせます！）。

年中〜年長では**保育園、幼稚園の先生との面談で、集団の一斉指示で動けているか、立ち歩きをしていないか、トイレ、給食、着替えでの様子を聞いてみてください。**そこから課題を見つけ、おうちで練習をします。例えば、先生の一斉指示を聞き逃して動けていないなら、親子で目が合ってから指示を出す、注目できたら要求に応える＝アイコンタクトの強化を意識。「自然に覚えるだろう」と放っておかず、「先生が話しはじめたら最後まで先生を見ていようね」などコツを教えることでできるように！

●就学先に迷ったら年中～年長で発達知能検査を受けて参考にしても

自治体の教育委員会の「就学相談」[※]（年長の5月～秋）では、希望する場合に子どもの行動観察や発達知能検査をします。しかし、これが発達知能検査の初回だと、子どもがはじめての場所で緊張し、はじめて会う専門家から検査を受け、一回の結果をもとに就学先を審査される面もあります。

園での集団適応、言葉の遅れなどが気になり就学先に迷う場合は、就学相談の検査を受ける前（年中後半）に発達知能検査を受け、早めに参考のひとつにする方法も。また、**子どもを長期で見て伸びているのを知っている発達外来の主治医、療育の専門家（公認心理師、臨床心理士など）、保育園や幼稚園の先生に就学先について相談して意見をもらいましょう。**

いろいろな意見を聞くと就学先に迷ってしまうかもしれませんが、最終的にはママとパパ、子ども本人が「どの環境で学びたいか」を考え、希望をはっきりさせることが大切です。

※「就学相談」は義務ではないので、希望する場合は自治体に予約をします（年長の4月～秋）。

「学校」「学童、放デイ」の見学はいつからはじめる？ チェックポイントは？

●学校は5月下旬～夏休み前までに、まず親だけで見学

学校に電話をして見学が可能か確認をし、学校公開の日などに行きます。学校によって雰囲気が異なるので、学区内、学区外も見学を。新年度スタートからGW明けは在校生が疲れていることがあるので、**学校生活が落ち着いてくる5月下旬から夏休み前までに見学に行くのもひとつの手**です。学校の候補が複数ある場合、最初は親だけで見学に行き、候補を絞ってから、可能であれば年長の秋頃に子どもと見学、あるいは体験へ。子どもに学級、学校によってどんな違いがあるのか説明し、希望を聞いてみてください。

【学校見学のチェックポイント】

- 子どもたちの表情はイキイキしているか、先生が子どもたちに肯定的に接しているか
- 支援級の先生の人数（補助の先生はいる？）
- 「特別支援教育支援員」はいるか
- 「特別支援教育コーディネーター」はいるか
- 教室内は散らかっていないか　など

※自治体によっては就学相談を受けないと特別支援学校、特別支援学級の見学ができない場合があるので、学校に問い合わせをしてください。

学童、放デイ見学は5月のGW明けからスタート

保育園に通うお子さんのママ、パパはびっくりすると思うのですが、小学生になると14～15時頃に帰ってくるので（小1の4時間授業の日は12時下校）、放課後の居場所を確保する必要があります。

「放課後等デイサービス」（放デイ）は、支援を必要とする子の放課後の居場所で、施設によって支援の方法はさまざま。人気の施設は争奪戦になるので**5月のGW明けから見学をはじめ、利用を希望する場合は「通所サービス受給者証」の取得を進めましょう。**見学の時点で空きがなくても、2月を過ぎると新年度の4月からの空き状況がわかり、入れることもあります。放デイは1か所の施設で週に4～5日の利用日数を確保するのは難しいことがあるので、その場合は週1日から入れるところを数か所確保します。

また、療育に行っていたから放デイでなければいけないということはありません。一般的な学童保育と放デイを見学し、**安全で子どもが安心できる居場所かをチェック。**小1の子は慣れない学校生活をがんばってとても疲れて帰ってくるので、入学後すぐに学童、放デイを週5日で通うと無理をさせてしまうかも。子どもの様子を見ながら時間や日数を調整したいですね。また、短時間でも有意義に過ごせそうな習い事を検討しても。

就学時健診を経て「通常学級」に決まったけれど心配で先生に配慮をお願いしたい場合は？

2月〜3月上旬までにA4・1〜2枚の書面にまとめて学校に提出

小1の通常学級の先生は、学校生活にまだ慣れない大人数の子どもたちを指導する大変な仕事です。先生と協力していくために、子どもへの配慮をお願いするときは謙虚な姿勢で相談をしたいですね。

入学してから担任の先生に口頭だけで伝えたり、文書で渡したりすると担任以外で情報が共有されにくくなり、次の2年生の担任に引き継がれないこともあります。ひとつの案ですが、**入学前の2月〜3月上旬までに校長か副校長に面談をお願いし、その際にお手紙を渡しましょう。**そうすることで教職員の中で情報共有され、新年度に向けて小1のクラスの担任を決めるときに配慮してもらいやすくなります。先生たちは多忙で文書の枚数が多すぎると全部を読むのが大変なので、**A4サイズの紙・1〜2枚**にまとめましょう。ネガティブ→ポジティブになる文例は、次のページを参考にしてください。

小学校の先生へ配慮のお願いのお手紙

ポジティブな文例

できていないことばかり書くとネガティブな印象を持たれてしまうので、
できること、どう声かけすればうまくいくかなどポジティブな内容の手紙に。
また、診断を受けていたとしても必ずしも伝える義務はありません。

✕「〇〇ができません」

↳ ○ **「〇〇を練習中です」**

✕「たくさんほめてあげてください」

↳ ○ **「ちょっとしたことでも認めてあげると、さらにがんばれます」**

✕「○○をしないとうまくいきません」

↳ ○ **「○○のようにするとうまくできます」**

✕「多動で離席しがちです」

↳ ○ **「好奇心が旺盛でつい立ち歩くことがあります」**
「座っているときにこまめに声かけしてあげてください」

✕「一斉指示が通りません」

↳ ○ **「一斉指示を聞き逃すことがあります」**
「一斉指示の前に、名前を呼んで注意を引くと伝わりやすいです」

✕「整理整頓が苦手です」

↳ ○ **「置く場所をひとつひとつ決めて指示してあげてください」**

✕「こだわりがあります」

↳ ○ **「まじめなので、いつも同じであることが好きです」**
「ガマンしていることをほめると、いつもと違うことでも平気なときもあります」

✕「注意力散漫です」

↳ ○ **「集中が途切れやすいので、飽きないようにときどき声をかけてください」**
「席は後ろや端の列ではなく、先生の正面、前から2〜3列目だと集中しやすくなります。前後左右に参考になる友だちがいると、行動をマネしやすく飽きにくいです」

✕「すぐ手が出ます」

↳ ○ **「たたくことがいけないことを知っていますが、言葉でうまく伝わらないと手が出てしまいます。その際は、頭ごなしに怒らず、注意をしたうえで適切な言葉がけを教えてあげてください」**

入学準備

生活編

小学生になるための準備ノートで「できた！」を見える化して自信アップ

入学準備でおすすめしているのが、新1年生になる年長さんの子の宝物になる「小学生になるための準備ノート」。文具店に行き、子どもが気に入ったノートを買います（持ち歩ける手帳サイズのもの。カバーの素材がしっかりして、金色などスペシャル感のあるものが◎）。そして、子どもと相談しながら小学校入学に向けてがんばりたいこと、目標、約束を1ページに1つずつ書き、できたらそのページにシールを貼るかスタンプを押します。ページにシールがいっぱいになると視覚的に「こんなにがんばれた！」とわかり、入学に向けて自信がつきます。

声かけのポイント

✕「小学生になれないよ」
✕「小学生になるんだから」

プレッシャーをかける言葉に注意！

○「小学生になるためにがんばろう」
◎「小学生になる準備ができているね！」

肯定的な声かけで入学に向けて気持ちを高めよう！

年中～年長 → 1月～3月

トイレ

小学校が和式トイレならしゃがみ方などを教えます（外出先の和式トイレでも練習）。支援級の先生はトイレに行く声かけ、付き添いはできますが、基本的にお尻をふく介助はできないので練習を。ウンチがオムツでないとできない場合は、トイレに座れたときのスペシャルなごほうびを用意し、思い切りほめます（P.110）。

着替え

小学校の体育では10分ほどの休み時間に体操着に着替えて服をたたみ、体育館やグラウンドまで移動します。練習のために、朝の登園前はテレビを消して着替えに集中。スモールステップで肯定的な注目をしながら「できた！」を増やしましょう（P.108）。園の持ち物の服やタオルをたたみ、カバンに入れる登園準備を毎日コツコツやると上手に。

食事

小学校の給食は準備・配膳や片づけもあり、食べる時間は20分ほど。急いで食べたり姿勢がくずれたりすると食べ物がのどに詰まる恐れがあるので、食事中に立ち歩いたり、寝転んだりせず、座ってよくかんで食べるルールを何度も伝えましょう。食事に集中できる環境（テレビを消す、オモチャを片づける）に整えて時間内に食べる練習を（P.210）。

心の準備

学校に見学を申し込むか学校公開の日に、子どもと見学しましょう。入学式が心配なら体育館を見せてもらっても。さらに、小学校での1日の生活の流れがわかる写真集や動画などを見るとイメージしやすくなり、心の準備ができます。2～3月は書店の絵本売り場に入学準備の本が並ぶので参考に。参考図書：『1ねん1くみの1にち』（アリス館）

登校練習（2月～入学1週間前）

親子で通学路を何度も歩き、登校練習を。子どもにランドセルを背負わせ、最初は親が隣で歩いて「横断歩道の手前の黄色い線で止まって、信号を見るよ」「信号が青に変わっても飛び出さずに右、左、右を見て車が来ていないか見よう」などルールを教えます。慣れてきたら親は少し後ろで歩きます。困ったときは交番の警察官、お店の店員さんに聞く、助けを求めるなど対応法、トイレの場所も教えておけば安心ですね！

学習編

使いやすい文具を選んで「書く」「消す」に慣れておく

運筆練習をせず文字を書かせようとすると、うまく鉛筆が動かせずイライラしてしまいがち。あせらず、下のステップができてから文字を書く練習に進みましょう。迷路、塗り絵、お絵描きなどの遊びが文字を書く力につながります。鉛筆は太め、筆圧が弱い子は２Ｂ～４Ｂの三角鉛筆を選ぶと書きやすくなります。

消しゴムで消すときに手で紙を押さえる練習は、壁を使うのがおすすめ。手を離すと紙が落ちてくるため、手でしっかり押さえようと意識できます。

紙を手で押さえる練習は
壁を使っても
ゴシゴシ

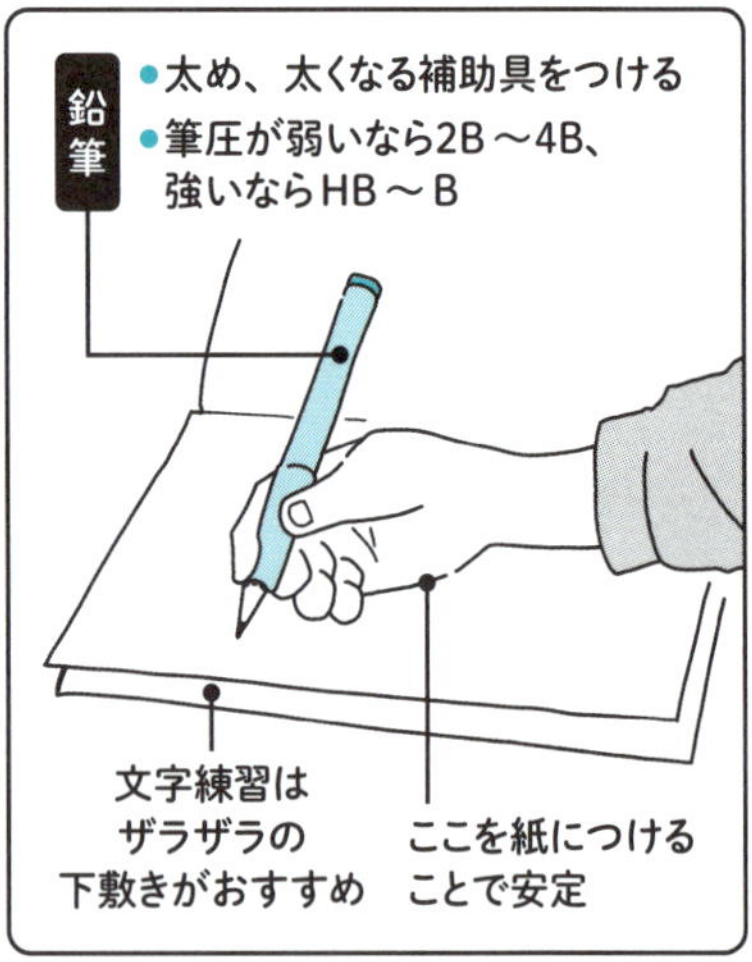

鉛筆
●太め、太くなる補助具をつける
●筆圧が弱いなら2B～4B、
強いならHB～B
文字練習は
ザラザラの
下敷きがおすすめ
ここを紙につける
ことで安定

あせらないで！

文字練習をはじめる前の大事なステップ

- 文字は読めるようになってから書く練習へ（文字の形を頭の中で再現できる）。
- 波線、斜線、○×△□を上手に書く練習をしてから文字へ（迷路など運筆ワーク、塗り絵、お絵描きなどを遊びに取り入れる）。
- 正しい鉛筆の持ち方、姿勢を何度も伝える（肯定的な言葉で）。

入学後の学習対策

国語

カタカナ　ひらがな練習と同じぐらい**カタカナの練習**を家でしっかり

小1の授業でカタカナを書く練習はあっという間に終わり、漢字練習に進みます。でも、実は「カタカナ」は、漢字を書くときの基礎に。カタカナの形・書き順は多くの漢字と共通しています！　カタカナを書く練習をあなどらず、就学後で構いませんが家庭学習でしっかり時間をとりましょう。

漢字　漢字を繰り返し書いて覚えるのが苦手なら**目から、耳から覚える**方法も

形を関連づけて覚える

国語の授業や宿題では、漢字を一文字ずつ何度も書いて、書く動きを覚えるように練習します（まるで筋トレみたい！）。この作業は、発達特性のある子にとって苦手なことも。目で見て覚えるのが得意なタイプなら、まず単語で読めるようにして形を覚えてから書く方法も（例：学・校と一文字ずつ書くのではなく、「学校」と見て読めるようになってから書く）。また、上のように漢字の成り立ちの形から関連づけて覚える方法もあります。耳から聴いて覚えるのが得意なタイプは、フレーズ、リズムのよい唱え歌を口に出して聞きながら書くことで覚えやすくなります（※）。

文章問題、作文　**音読の宿題にしっかり付き合う**ことが読解力や作文力につながる

小1から国語の音読の宿題は毎日あります。「こんな簡単な文を読み上げることに何の意味があるんだろう？」と思うかもしれませんが、私は長男の音読の宿題にしっかり付き合っておけばよかった…と後悔しているんです。音読は国語力の基礎。耳からキレイな日本語を入れる習慣は、いろいろな教科の文章問題、本を読むときの読解力にもつながります。さらに、自分で書いた文を声に出して読み直すと、「(耳から入ってきた文の響きから) ここが変かも」と気づいて修正でき、作文力も上がります。家事の手を止めて、子どもの音読に付き合ってあげましょう。ちりも積もれば…です！

※参考教材／『小学全漢字おぼえるカード』(Gakken)

算数

計算、文章問題　遊び、おやつなど生活の中で実物を使って数の概念を理解

小1の算数では計算カードの「3＋2」「4＋5」など数字を見てひたすら答えていくのですが、発達特性のある子はこの単純暗記作業が苦手な場合もあります。例えば「ブロック2つとブロック3つ、全部合わせるといくつ？」と子どもに実物を見せながら聞くと答えやすくなるはずです。ブロックやおはじきではなく、大好きなミニカーでもおやつでもOK！　また、下のように生活の中で算数の文章問題の言葉を意識して使い質問しても。

おやつ
「何個食べたい?」「お皿に2個、入れてください（1、2と数えながら）」
「〇〇ちゃんとママ、ひとりに3個ずつ、いちごを盛ってください」
「クッキーとおせんべい、全部で何枚かな?」

お手伝い
「洗濯バサミを2個取ってください」
「（卵のパック）3個使ったから残りはいくつ?」
「（スーパーで）にんじん1本、玉ねぎ1袋をかごに入れてください」

遊び
- ブロック「（積み上げて）高いのはどっち?　低いのはどっち?」
- 人形、ミニカー遊び
「（一列に並べて）前から2番目はどれ?　後ろから3番目はどれ?」
- お店屋さんごっこ、おままごと
「ドーナツ3個ください」「にんじん1本を3等分に切ってください」

習い事にそろばんを選んでも

長男は小1の計算カードの宿題が苦手でした。目で見て頭で映像として思い浮かべて記憶するのが得意なタイプの長男には「そろばん」が合っているのではないかと思い、そろばん教室に通うことに。算数の計算は数字をノートに書いてひっ算をしますが、そろばんは問題を見て手で「玉」を動かし、結果の「玉の数」を見ることで答えを出します。時間はかかりましたが、長男はそろばんのおかげで計算がスムーズにできるようになり算数に自信がついたようです。

入学後の困りごと、どうする!?

友だち関係

学校で友だちから悪口を言われた、たたかれた

学校で起きた友だちとのトラブルは、親同士でやりとりせず、必ず学校の先生に介入してもらいましょう。特定の子とトラブルが続く場合、クラス替えで配慮してもらうこともできます。子どもは同じクラスの子、いっしょに登下校する子など、「いつもいっしょにいる子が友だち」と思ってしまうのですが、「本当の友だちってどんな子だと思う?」と話してみてください。例えば…

「友だちはイヤなことをしてこないよ。やさしくて、いっしょにいて楽しいのが本当の友だちだよ。イヤなことをしてくる子からは離れて、イヤだって気持ちを親や先生に伝えていいんだよ」

友だちは、たくさんいるほうがいいのではなく、ひとりでも気の合う友だちがいればいいのです。

また、いじめを受けている場合は子どもの心を守ることが最優先です。

生活

「学校に行きたくない」と言うようになった

子どもから「学校に行きたくない」と言われると、親はびっくりして「なぜ？　どうして？」と質問攻めをしたくなりますがグッとガマンを！　まずは「そうか、行きたくないんだね」と子どもの言葉を繰り返し、受け止める姿勢を示しましょう。その後、子どもの様子を見ながら理由や言い出した背景をやさしく聞き出してみます。子どもの反応によって対応を変えることも大切です。単に「行くのが面倒くさい」程度の理由なら、受け止めた後にはげますのもひとつの方法。一方で、深刻な理由がありそうな場合は、じっくり話を聞く必要があります。状況に応じて休ませることも選択肢のひとつ。早めに担任の先生と相談して情報を得たり、対応の協力を得たりしましょう。月に1～2回休んでもいい日を設定するのもよいでしょう。ただし、休んだ日のルール作りは重要です。「学校に行きたくない」という訴えを単なるわがままとして片付けず、心の声として受け止め「子どもの心が一番大事」の基本を忘れずに接してあげてください。また、子どもが本音を溜め込まずに上手に表現をする練習をかねて、日頃からモヤモヤすることを話す時間を設けるなど、上手な親子コミュニケーションを進めましょう。

生活

病欠以外で学校を休んだ日の過ごし方

　さまざまな理由で学校を休むことになったとき、まず重要なのは、休んだ日を特別な楽しい日にしないことです。「休む＝楽しい時間」と学習してしまうと何度でも休みたくなってしまうので、テーマパークに行くなどの特別な活動は控えたほうがいいでしょう。代わりに、放課後の時刻まで学校の時間割に似せたスケジュールを家で実践することをおすすめします。例えば学校の時間割に合わせて学習の時間を設け、復習に取り組んだりお手伝いを頼んでみたりします。休み時間は、テレビやゲームをするのではなく、読書などできるだけ落ち着いた行動を提案しましょう。体調に問題なければ軽い運動や散歩を取り入れるのも気分転換になり効果的です。

　また、休んだ理由について前向きに話し合う時間も作って。決してズル休みではなく、必要だから休んだのだ、と子どもに理解させることは心のケアにもなります。翌日以降の登校に向けて、いっしょに準備をすることも忘れずに。不安があれば話し合い、小さなことも解消しておきましょう。特に定期的に休養が必要そうなお子さんには「毎月◯回まで休んでもよい」といった提案をしてみると安心して通える場合もあります。

学習

授業や宿題に集中できず、怒られ続けている

ＡＤＨＤタイプの子は、「授業中は集中して座らなければいけない」「宿題をしなければいけない」と頭でわかっていても、脳の特性によって注意散漫になったり体が動いてしまったりして苦しんでいます。それを「努力不足だ！」と怒るのは、視力が低い人に「いちばん後ろの席から眼鏡なしでがんばって黒板を見なさい！」と言うようなもの。学童期のＡＤＨＤタイプの子は、怒られ続けて自己肯定感が保てず、自己否定感が強まることで二次的な問題（不登校、うつ状態など）に発展することがあるため、それを早めに防ぐことが重要です。

小学生（6歳以上）になり、接し方や環境を整えても、不注意、多動・衝動性により本人の生活がつらそうであれば、専門外来を受診し、ＡＤＨＤの症状を緩和する薬を相談することもできます。視力の低い人が眼鏡という道具で黒板を見やすくするように、薬でサポートする方法もあるのです。実際に内服をはじめて学習に集中しやすくなったお子さんもいます。薬は使いたくないなど家庭によっていろいろな考え方があると思いますので、選択肢のひとつと捉えてください。

学習

音読、漢字の書き取り、計算の宿題がとても苦手

SLD（限局性学習症）は、知的な発達の遅れがないのに「読み」「書き」「計算」など特定分野の学習が極端に苦手で困難を抱えている状態のこと。社会の中では「Learning Differences」（学び方の違い）、「Learning Diversity」（学び方の多様性）と呼ぶ動きもあります。また、ASDやADHDの発達特性をもつ子も、多数派の読み書き、計算の学び方が合わない場合があります。

発達特性のある子のための、教え方・学び方の情報を集めるには、読み書き、算数の本がとても参考になります（P.283）。また、デジタルツールを活用して学ぶ方法も。例えば、デジタル教科書を使う（文章の読み上げ、文字の拡大表示機能）、タブレットでの学習やタイピングで文章を書くこともできますね。SLDと正式に診断された子は、高校・大学受験で合理的配慮を受けられるようにもなってきています。

小学生になると、子どもと目を合わせて笑顔でほめる回数も減ってしまいがち。ぜひ、第1章の基礎づくりを何度でも見直してください。**子どもが学校から帰ってきたら、目を合わせ笑顔で「おかえりなさい」と声をかけるのも肯定的な注目に！**

発達特性のある子のママ、パパに
おすすめの本

ネットにはいろいろな情報があふれていますが、子育てのヒントがまとまっているのが専門家の本。悩んだとき、育児書だけではなく、ビジネス書などさまざまなジャンルの本を読んで知識をアップデートすることで視野が広がります。わが家の本棚に並ぶたくさんの本の中から、発達特性をもつ子を育てるママ、パパにおすすめの本をピックアップしました！

【言葉・コミュニケーション・生活スキルの本】

- 『イラスト版 幼児期のライフスキルトレーニング 気になるコミュニケーションと行動への対応』（合同出版） 著：平岩幹男
- 『自閉症・発達障害を疑われたとき・疑ったとき　不安を笑顔へ変える乳幼児期のLST』（合同出版） 著：平岩幹男
- 『発達障害の子どもを伸ばす魔法の言葉かけ』（講談社） 著：Shizu、監修：平岩幹男
- 『専門家が親に教える　子どものネット・ゲーム依存問題解決ガイド』（Gakken） 著：森山沙耶
- 『発達障害の早期療育とペアレント・トレーニング 親も保育士も、いつでもはじめられる・すぐに使える』（ぶどう社） 著：上野良樹
- 『0〜4歳 言葉をひきだす親子あそび』（小学館） 著：寺田奈々
- 『発達が気になる赤ちゃんにやってあげたいこと　気づいて・育てる超早期療育プログラム』（講談社） 著：黒澤礼子
- 『自閉症児のことばを育てる発達アプローチ』（ぶどう社） 著：矢幡洋
- 『「発達障害」だけで子どもを見ないで その子の「不可解」を理解する（SB新書）』（SBクリエイティブ） 著：田中康雄
- 『マンガでわかる 発達障害の子どもたち 自閉スペクトラムの不可解な行動には理由がある』（SBクリエイティブ） 著：本田秀夫

【子育ての知識を深める本】

- 『1日5分！　PCITから学ぶ0～3歳の心の育て方』、『1日5分で親子関係が変わる！　育児が楽になる！　PCITから学ぶ子育て』（ともに小学館）　著：加茂登志子
- 『子どもの脳を傷つける親たち』（NHK出版）　著：友田明美
- 『フツウと違う少数派のキミへ』（合同出版）　著：鈴木慶太
- 『頭のいい子の親がやっている「見守る」子育て』（KADOKAWA）　著：小川大介
- 『東大医学部卒ママ医師が伝える科学的に正しい子育て（光文社新書）』（光文社）　著：森田麻里子
- 『〇×ですぐわかる！　ねんねのお悩み、消えちゃう本』（青春出版社）　著：ねんねママ（和氣春花）
- 『非認知能力を育てるあそびのレシピ 0歳~5歳児のあと伸びする力を高める』（講談社）著：大豆生田啓友、大豆生田千夏
- 『どの子も違う　才能を伸ばす子育て 潰す子育て（中公新書ラクレ）』（中央公論新社）　著：中邑賢龍

【読み書き、算数のつまずき、ワーキングメモリーが気になる子のサポート本】

- 『読むトレGO！ディスレクシア 読むための練習帳』、『ディスレクシア 発達性読み書き障害 トレーニング・ブック』（ともに合同出版）　著：平岩幹男
- 『グレーゾーンの子どもに対応した作文ワーク 初級 医学と教育との連携で生まれた』（明治図書出版）　監修：横山浩之、編集：大森修
- 『気になる子どものできた！が増える 書字指導アラカルト』（中央法規出版）　著：笹田哲
- 『絵で見てわかる！視覚支援のカード・教材100』（Gakken）　著：青木高光、杉浦徹、竹内奏子
- 『小児科医がつくった ゆっくりさんすうプリント　10までの数』（小学館）　著：武田洋子
- 『ワーキングメモリーとコミュニケーションの基礎を育てる　聞きとりワークシート』（かもがわ出版）　編著：NPOフトゥーロLD発達相談センターかながわ

おわりに

昨晩、ほろりと涙を流しませんでしたか？　今日、子どもの前で無理に笑顔を作りませんでしたか？　この本は、そんなママやパパの心を少しでも軽くしたくて書きました。

子育ては楽しくてラクなものではありません。みなさんだけではなく、たくさんのママやパパが同じように笑顔の裏でこっそり涙を流しています。私もそうでした。

専門家だから子育てが上手なんですね、とよく言われますが、そんなことはありません。特に長男が言葉を話せず、多動で目が離せなかった頃は、育て方に悩み、毎日のように泣いていました。それでも笑顔で大学病院の外来に立ち続けていました。

私が診察室の外で活動しようと思ったのは、本書でも書いた通り、余命宣告を受けたママとお話しした日でした。でも、私はそれよりずっと前から、その方に限らず、全てのママたちに「あなたは、ひとりではない」と伝えたかった。私も同じように悩んでいると、涙を流していると、そう伝えたくてもどかしかったのだと思います。

それから、子育てに悩み続けた私の母を笑顔にしたかった。私や弟の分まで苦労を全部背負って先に生まれてきてくれた姉にも恩返しをしたくて、ここまでひたすらに歩んできました。その結果、たくさんのチャンスとサポートに恵まれ、こうして本を出せるまでになりました。

「西村先生に救われ、感謝している人はたくさんいますよ。この本が出たら、より多くのお母さんたちが救われますね」

日々、たくさんの方から感謝のメッセージをいただきますが、ママたちの笑顔に救われているのは、私の方。こちらこそ、感謝の気持ちでいっぱいなのです。

この本では、発達特性をもつ子の育て方について私自身の経験も交えながらさまざまなことをお伝えしてきましたが、私の活動ははじまったばかり。

ママ友のように寄り添うドクターになりたい。そんな想いを抱き、コロナ禍真っただ中の2020年、「ママ友ドクター®」プロジェクトを始動しました。その後、ママ同士が支え合える場所を作りたいと、オンラインコミュニティを始め、同じような志を持つ仲間とともに、今年は協会設立へと発展させることができました。発達特性のある子を育てることは、発想力も行動力も群を抜いた人づくり、新時代を創る取り組みにつながると思っています。私は「発達障害」に伴うネガティブイメージを過去のものにし、発達特性をもつ子どもを育てること自体が前向きで誇れるもの、というイメージを広げていきたい。そして現在、私がサポートしている子どもたちが大人になったときに、自分がもつ特性を誇らしく思える社会を実現したい。そんな想いを胸に、これからも活動していきたいと思います。

最後に、本書の制作と同時に協会の立ち上げまで進めてしまった私の代わりに家庭を支え、私を信じて見守ってくれた夫と家族、私の医師としての道しるべを示してくれた平岩幹男先生、生意気な若手だった私を優しく見守ってくれた大学病院の小児科の先生方、私に療育スキルを教えてくれた尊敬する専門家の先生たち、私の頭の中と想いを一冊の本にまとめてくれたGakkenの彦田さんと掛川さん、激動の2024年を迎えた私を心身共に支えてくれた愛する友人たちとVARYメンバーのママたち、そして何より、この本を手に取ってくださった読者のみなさま、出版日が長男の誕生日というサプライズをくれた神様にも、心からの感謝をお伝えさせてください。

この本をきっかけに、少しでもお子さんへのまなざしが優しくなり、何度でも「大好き」という感覚を思い出してもらえたら、とてもうれしいです。

2024年9月　小児科医・一般社団法人 日本小児発達子育て支援協会 代表理事

西村佑美

参考文献

『注意欠如・多動症−ADHD−の診断・治療ガイドライン　第5版』（じほう）
『ICD-11・DSM-5準拠　新・臨床家のための精神医学ガイドブック』（金剛出版）
『発達障害の診断と治療　ADHDとASD』（診断と治療社）
『知的障害を抱えた子どもたち　理解・支援・将来』（図書文化社）
『社会的コミュニケーション発達が気になる子の育て方がわかる　ふれあいペアレントプログラム』（ミネルヴァ書房）
『発達障害のペアレント・トレーニング簡易版』（中央法規出版）
『おうちでできるESDM　〜親のための手引書〜』（ASDヴィレッジ出版）
『発達障害の子の療育が全部わかる本』（講談社）
『「できる」が増える！「困った行動」が減る！発達障害の子への言葉かけ事典』（大和出版）
『分散脳 バラバラな思考がひとつになる時 〜自閉症スペクトラム障害の私が語ること、書くことの意味〜』（診断と治療社）
『RPMで自閉症を理解する』（エスコアール）
『絵カード交換式コミュニケーション・システムトレーニング・マニュアル　第2版』（ピラミッド教育コンサルタントオブジャパン）
『The JASPER Model for Children with Autism: Promoting Joint Attention, Symbolic Play, Engagement, and Regulation』（Guilford Press）

P234〜235
1)de Silva, P. N. (2018). Do patterns of synaptic pruning underlie psychoses, autism and ADHD? BJPsych Adv, 24(3), 212-217.
2)Attention Deficit-Hyperactivity Disorder (ADHD): From Abnormal Behavior to Impairment in Synaptic Plasticity. Biol 2023, 12, 1241.

P236〜237
「未来人材ビジョン」「ニューロダイバーシティの推進について」（経済産業省）

P238〜239
1)DSM−5病名・用語翻訳ガイドライン（初版）.精神神経学雑誌, 116(6), 429-457.(2014)
2) ICD-11における神経発達症群の診断について.精神神経学会雑誌, 123(4), 214-220.(2021)
3) 神経発達症群　DSM-5からDSM-5-TRへの変更点. 精神医学, 65(10), 1345-1351.(2023)

P248〜249
González-Madruga, K., Staginnus, M., Fairchild, G. (2022). Alterations in Structural and Functional Connectivity in ADHD. In: Stanford, S.C., Sciberras, E. (eds) New Discoveries in ADHD. Curr Top Behav Neurosci, vol 57. Springer.

P250〜251
Fuller, E. A., Oliver, K., Vejnoska, S. F., & Rogers, S. J. (2020). The effects of the Early Start Denver Model for children with autism spectrum disorder: A meta-analysis. *Journal of Autism and Developmental Disorders*, 50, 1680–1696.

※他の参考文献はページ下に表記。

西村佑美

発達専門小児科医／一般社団法人 日本小児発達子育て支援協会 代表理事

1982年、宮城県仙台市出身。日本大学医学部卒。小児科専門医。子どものこころ専門医。日本大学医学部附属板橋病院小児科研究医員。三児の母。

最重度自閉症のきょうだい児として育ち、障害児家族に寄り添える仕事がしたいとの想いから医師を志す。2011年から日本大学医学部小児科医局に所属し、小児科医として大学病院に勤務。以降、のべ1万組以上の親子を診てきた。第一子出産後に発達障害についての専門性を深める中、自身の子にも発達特性があることが判明。当事者家族として本格的な療育や知育、バイリンガル教育を行った経験を活かし、地方病院と大学病院で発達専門外来を新設する。しかし、医師という立場で育児の悩みに寄り添うことに限界を感じ、2020年「ママ友ドクター®」プロジェクトを始動。SNSでの情報発信や、主宰する「子ども発達相談アカデミーVARY」での活動等を通し、子育てに悩むママたちの支援を行ってきた。2024年、特性に対する新たな価値観と支援の場を社会に生み出すことを目的に、一般社団法人 日本小児発達子育て支援協会を設立。各自治体や医療機関とも連携した、より多くのママたちをサポートする環境づくりを進めている。

Instagram:mamatomo_doctor
YouTube:【Neo 発達外来】ママ友ドクター.channel

| スタッフ | デザイン／新開裕美　マンガ・イラスト／ネコ山　編集協力／掛川ゆり

最新の医学・心理学・
発達支援にもとづいた子育て法

発達特性に悩んだら
はじめに読む本

2024年10月８日　第1刷発行
2025年３月26日　第3刷発行

著者　西村佑美
発行人　川畑 勝
編集人　中村絵理子
編集　彦田恵理子

発行所　株式会社Gakken
〒141-8416
東京都品川区西五反田2-11-8
印刷所　中央精版印刷株式会社
DTP　株式会社アド・クレール

●この本に関する各種お問い合わせ先
本の内容については、下記サイトのお問い合わせフォームよりお願いします。
https://www.corp-gakken.co.jp/contact/
在庫については　TEL:03-6431-1250（販売部）
不良品（落丁、乱丁）については　TEL:0570-000577
学研業務センター〒354-0045　埼玉県入間郡三芳町上富279-1
上記以外のお問い合わせは　TEL:0570-056-710
（学研グループ総合案内）